茶瓷之路

杯壶碗盏的风情世界

周滨 著

华中科技大学出版社
http://www.hustp.com
中国·武汉

图书在版编目(CIP)数据

茶瓷之路：杯壶碗盏的风情世界/周滨著. —武汉：华中科技大学出版社，2022.10
ISBN 978-7-5680-8568-7

Ⅰ.①茶… Ⅱ.①周… Ⅲ.①瓷器-对外贸易-贸易史-中国 ②茶叶-对外贸易-贸易史-中国 Ⅳ.①F752.9

中国版本图书馆CIP数据核字（2022）第171953号

茶瓷之路：杯壶碗盏的风情世界 周滨 著
Chaci zhi Lu: Beihuwanzhan de Fengqing Shijie

策划编辑：杨　静
责任编辑：程　琼
封面设计：璞茜设计
责任校对：张会军
责任监印：朱　玢

出版发行：华中科技大学出版社(中国·武汉)　　电话：(027) 81321913
　　　　　武汉市东湖新技术开发区华工科技园　　邮编：430223

录　　排：沈阳市姿兰制版输出有限公司
印　　刷：湖北金港彩印有限公司
开　　本：880mm×1230mm　1/32
印　　张：6.5
字　　数：137千字
版　　次：2022年10月第1版第1次印刷
定　　价：69.00元

本书若有印装质量问题，请向出版社营销中心调换
全国免费服务热线：400-6679-118　竭诚为您服务
版权所有　侵权必究

叩响中国美学背后的茶瓷文明史

我是在2019年,完成了《中国茶器——王朝瓷色一千年》写作的。因为很久以来,我就想以"中国"在英文中的命名"China"为线索,写出一部浩荡千年的中国美学史。众所周知,中国是茶叶的原产地,而china(瓷器)则是完全承载了茶叶演变和时代进步的工具,所以在瓷器的身上,我们会直观地看到中国文明在相当长的一段时期内,取得了怎样的物质成果。我们也同样可以看到,这些物质成果后来被源源不断地输往世界其他国家,从而又与其他文明碰撞,开出异彩的奇葩,让人惊叹且称奇。

我的中国美学史,其实是一个系列:在《中国茶器——王朝瓷色一千年》中,我是以茶器的颜色为线索,讲述从魏晋以后隋唐开始,一直到清末整整一千年的王朝社会里的茶风民情、帝王茶事、茶路瓷政等内容,详解了汝窑、越窑、建盏、官窑、秘色瓷、青花瓷等中国人耳熟能详的名词,是一部以"御窑"为脉络的对内的纵向观察。那么在横向的外销瓷方面呢?当中国的茶叶和瓷器被输出以后,在东亚、中亚、西欧等地区的社会发展历程中,它们又遭遇到什么?各自邂逅了怎样的人和事？又怎样不偏不倚地搭上了各种时代脉搏？……这都是十分精彩的话题，也是我写作本书《茶瓷之路——杯壶碗盏的风情世界》的初衷。所以在这本书里，你们会感受文艺复兴；会见证工业革命；会遭遇疯狂的欧洲"中国风"买买买；会端起女王的茶杯坐在下午茶会上；也会在凡尔赛宫的风流舞会上，与太阳王路易十四擦肩而过。……文明与文明的碰撞，就此全面打开，为你尽展无遗。

值得一提的事情是，生活中，我常常听到一种论调，就是在当代比较年轻的消费者看来，中国的瓷器工艺现在比不上国外的瓷器工艺，外观也没有国外的瓷器精美，对此，我可以肯定地说，这是一种误解。比较者通常是用工业销售领域中的大宗商品来衡量的，在这一方面，先前中国现代的商品瓷与国外相比确实存在设计和技术上的一定落差，但这都具有深层的时代原因，在此我们不展开详述。我们只是需要知道以下几点：首先，中国外销瓷是国外一切瓷器产品的母本，因为中国专供旧时代皇家的御窑瓷器不出口，所以是外销民窑瓷器的出现，让当初的外国消费者真正接触到了"china"，拥有了对中国美学的想象。其次，在其他国家代表行业水平的，大多是近代工业革命后发展的商品瓷，主导的方向是实用，而在中国，真正能代表行业高水准的，大多是不追求商业化和批量产出的艺术瓷，一般人很难了解，更难以得到。再次，目前中国商品瓷的设计和工艺都已经大幅飞跃，普通人能够拥有美轮美奂且价格适中的瓷器的时代，正在大踏步前来。这种现象是极为可喜的，一方面是说明了社会对中国艺术和美学的重视，另一方面,则说明了消费者群体的快速增长。

作为一个"写匠",多年以来,我走遍了中国大大小小的茶区和有"瓷都"之称的景德镇、德化等名窑所在地。各地方的采风经历,让我对中国工匠的精神,有着深刻的认识——他们年复一年、日复一日、代代传承,孜孜不倦地追求着手中技艺的精准把握与进步。这才是中国式美学的态度:跨越时空,无问西东,只求更高,永无最高。这也是中国人的民族骄傲:只有最中国,才能最世界。

我想,我会把最中国的一切美丽事物,陆续以写作的方式,带给我的读者,感谢你们对美的永恒追求和生活的热爱。

周 滨
2022年2月8日于北京

目录

第一章 从东方到西方
威尼斯商人和他的东方奇遇记 / 002
唐宋的名物 / 012
骆驼、大海以及阿拉伯的中间商 / 022
茶瓷之路追问:为什么是泉州和广州 / 032
大元王朝的生意经 / 042
从拜占庭到奥斯曼帝国的瓷路盛衰记 / 052

第二章 浮华年代
文艺复兴和享乐主义年华的到来 / 064
大航海时代的朝贡和贸易 / 074
强盗们带着地图和枪找来了 / 085
当中国风刚好遇到巴洛克和洛可可 / 095
浮华年代,欧洲下午茶和它的伴侣们 / 106
欧洲的御瓷厂 / 116
洛可可夫人与瓷器间谍 / 125

第三章 新大陆风云
民窑的盛世 / 136
外销瓷,又危险又美丽 / 146
商船开往东印度公司 / 157
皇后的茶器、发明家和工业革命 / 168
海捞瓷档案 / 178
收藏的门道 / 190

第一章 从东方到西方

威尼斯商人和他的东方奇遇记

这是一间潮湿、阴暗、狭小且通风不良的屋子,石壁阴冷,微黄的烛火在壁上跳动。在屋子的正中间,是一张石桌,桌上有一盘粗黑的面包,似乎已摆放了很久。总之,这里没有任何富丽堂皇的摆设,因为,它就是中世纪(从公元5世纪持续到公元15世纪,是欧洲历史三大传统划分的一个中间时期)欧洲的一个普通监狱。

但与这居住环境截然相反的,是这屋子里的两个人聚精会神的样子:一个好像在思考的同时侃侃而谈,而另一个则低头奋笔疾书。任他们谁也不会想到,他们通力协作所留下的这段记录,竟会成为日后的西方世界探寻东方宝藏的一把钥匙。

这是发生在公元1298年的一幕,在当时最发达的欧洲商业城邦共和国威尼斯与热那亚之间,爆发了又一次的战争。从公元1261年以来,这样的战争不断伴随着两国之间海洋贸易权的争夺而发生。作为看重国家主义的威尼斯人,我们的口述者其实是一名商人,但他却出资造了一艘战舰,并亲自任舰长参加战斗,结果被俘,被关进了这间阴森的中世纪监狱。

扬州，马可·波罗雕像

他就是马可·波罗，一个以非常巧合的方式，在世界历史上占有了一席之地的威尼斯商人。他通过狱友鲁思蒂谦诺（意大利比萨人、作家），用当时欧洲最流行的法语所写作的这部口述回忆录，正是日后大名鼎鼎的《马可·波罗游记》。在其后六百多年的时间里，全世界各地的人们围绕这本书而疯狂，并用了100多种文字将其辗转翻译，吸引了无数的读者。

它为什么会有这样大的魔力？究其原因，是在漫长的古代世界里，由于漫长艰险的交通所带来的不利因素，使得西方社会对东方的想象，永远像笼罩着一层迷雾；而《马可·波罗游记》却冲破迷雾，清晰地记述了人们心向往之的一个美好的东方国度——中国。

根据《马可·波罗游记》的记述，马可·波罗是在公元1271年，他17岁的时候从故乡威尼斯出发的。他的行走路线是由威尼斯起程，渡过地中海，到达小亚细亚半岛，经由亚美尼亚折向南行，沿着底格里斯河，到达古城巴格达，然后由此沿海湾南下，向霍尔木兹岛前进。然后，从霍尔木兹向北穿越伊朗高原，折而向东，再之后，他克服重重艰难翻越帕米尔高原，来到喀什，沿着塔克拉玛干沙漠的西部边缘行走，抵达叶尔羌绿洲，继而向东到达和阗和且末，再经敦煌、酒泉、张掖、宁夏等地，穿过河西走廊，历时整整四年，于公元1275年，抵达中国元朝的大都（今北京）。

马可·波罗的足迹从伊朗高原开始，沿着中国自汉代以来开辟的陆上丝绸之路而行进，对于见惯大海的西欧人来说，这是一条充满险峻、寒冷、饥渴以及极可能埋伏强盗和野兽的道路，但马可·波罗别无选择。因为直到13世纪以前，中国和西方世界的交往只停留在以贸易为主的经济联系上，而且贸易的主要据点和经手商，都聚集在中、西亚地区。正处于漫长的中世纪生活中的欧洲人，对中国缺乏了解的途径，对东方世界的认识非常肤浅，更不知道要如何深入这个神秘的国度。

公元1275年的中国，又发生了什么事情呢？这一年，既是南宋德祐元年（南宋第七个皇帝宋恭帝的年号），也是元朝的至元十二年。这一年，元世祖忽必烈发兵攻打南宋，双方在安徽芜湖的鲁港交战,结果宋军大败。这之后,元军将领阿剌罕率步骑从建康(今南京)经宣城广德逼近临安(今杭州)。时年40岁的文天祥接到朝廷急报,从平江(今苏州)紧急率两千精兵赶赴增援。终因双方兵力悬殊,三天后南宋都城沦陷,号称"人间天堂"的富丽临安,就此落入元军之手。

欧洲人马可·波罗对此毫无觉察,他感兴趣的是中国广袤的土地上,处处显露出的繁华。作为一个商人,他本能地对此感到兴奋。所以,他在游记里惊叹元大都的市容:"我要告诉你,这整座城均按直线规划,主要街道笔直地从城市一头直达另一头,因此一个人站在一座城门墙头,可以一眼看到对面城门,它们就是如此设计。街道两旁布满了各色商铺,还有无数美丽宫殿和旅馆、

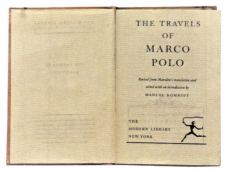

《马可·波罗游记》(笔者拍摄于首都博物馆)

无数漂亮的房舍。住户所建的房屋都规划成方形,每一座宅子都有庭院和花园,每一片土地都分给了某个人,安排妥当。很好的道路环绕住宅,供人行走。这样整齐画线,宛若棋盘。安排得如此美丽精巧,简直无法言说。"

当时的元大都,有两个主要商业区:一个在皇城以北的钟楼、鼓楼地区(钟楼以西靠近海子的斜街,现在是什刹海东岸的烟袋斜街),这一带分布着缎子市、皮帽市、鹅鸭市、珠宝

市、铁器市、米面市等。另一个在都城的南部，皇城以西，顺承门内，被称为羊角市，主要有羊市、马市、牛市、骆驼市、驴骡市等。除了这两个主要的商业区外，在城外还有不少集市。

那么，外国人在中国怎么生活和做生意呢？在这里，马可·波罗的观察就仔细了，他说："我要告诉你，汗八里城（汗八里是突厥语，汗为君主，"八里"指城，所以"汗八里"意为"君主之城"，马可·波罗一直称大都为"汗八里"）内外均有大量房舍居民。每座城门外都有附郭。这些附郭非常大，彼此相接，长达三四英里，没人能说得出到底有多少人住在那。这些附郭中住着许多商人和外国旅行者，他们从世界各地带来许多礼物呈献给大汗或卖给朝廷，还有很多人在那里做生意，这城市实在是好市场。"

在古老悠远的商贸之路上，中国最早享有盛誉的商品是丝绸。从汉代开始，商人自长安出发，经过河西走廊到达敦煌，继出玉门关和阳关，沿昆仑山北麓和天山南麓，分为南北两条道路。南线从敦煌出发，经过楼兰，越过葱岭而到安息（今伊朗境内），西至大秦（东罗马帝国）；北线由敦煌经高昌、龟兹，越葱岭而至大宛（今乌兹别克斯坦境内）。汉唐之际，又沿天山北麓开辟了一条新路，由敦煌经哈密、巴里坤湖，越伊犁河，而至拂林国（东罗马帝国）。所以中国最早被古希腊和古罗马人称为赛里斯国（Serice），即"丝国"，贵重但质地轻薄的丝绸，也的确适合陆路运输。

到公元7世纪以后，随着中国唐王朝的兴起，中国的外贸

唐代墓室壁画《客使图》，记录了丝绸之路的贸易与外交

商品种类开始大发展，及至宋代，中国在文明与文化上的发达水平，可以说独领世界风骚。当"马可·波罗"们还在弹丸之地的西欧，为地中海的贸易利益争得不可开交时，中国已经悄然出现了日后影响深远的茶及茶道文化，中国茶和与之相伴的中国瓷器，随着另一条丝绸之路的兴起而名动天下。

有宋一朝，无论是北方的汴京，还是南方的临安，茶与日常饮食业的关系极密切：街上的酒肆和面食店多以茶称呼，如"分茶酒肆"主要卖下酒食品，而厨子则谓之"茶饭量酒博士";若单称"分茶店"而中无"酒"字,则是指面食店。专以茶肆为名的则是饮料店,销售各种"凉水"——四时卖奇茶异汤,冬月添卖七宝擂茶、馓子、葱茶,或卖盐豉汤;暑天添卖雪泡梅花酒,或缩脾饮暑药之属(吴自牧《梦粱录》),茶水是其中的一种。这茶水又分为两大类:一类是单纯的茶饮,只以一种茶叶点泡而成;一类是混合茶饮,将茶叶与其他多种物品混合在一起,擂碎后,或冲泡或煎煮(类似现代的调饮茶)。

这种热热闹闹的都市休闲氛围,直到夜深都不散。除了茶肆、茶坊、茶楼在固定的地方专门卖茶水等饮料外,北宋的都城汴京到夜半三更,还有提瓶卖茶的小贩,"盖都人公私营干,夜深方归也"(孟元老《东京梦华录》)。南宋时杭州则在"夜市于大街有车担设浮铺,点茶汤以便游观之人",也就是说

《清明上河图》中的宋代饮食店

有专门的夜市一条街，为深夜还在街上活动、游玩的吏人、商贾以及市民提供饮茶服务。

中世纪的欧洲人喝什么呢？水是不能喝的。因为当时欧洲的水源污染严重，水质很差，通常是不可直接饮用的，人们习惯喝经过处理的各种酒精饮料。像马可·波罗的故乡威尼斯，就是意大利著名的葡萄酒产区之一，直到今天还在出品最上乘的红葡萄酒。

没有喝过茶的马可·波罗，在中国生活了17年之久，最终在元朝的宫廷里，谋得了一份小吏的差事。他从大都出发，从北到南游历，一路经过当时中国的各大商业城市。在杭州，面对人世繁华的盛景，他发出了由衷的感慨："这座城的庄严和秀丽，的确是世界其他城市所无法比拟的，而且城内处处景色秀丽，让人疑为人间天堂。"

在这座人口数量多达百万的超大型城市里（当时世界上除中国以外最大最繁华的城市巴格达，人口数在30万~50万，而威尼斯只有10万人口，已经是欧洲最繁华的城市，直到14世纪，伦敦也只有4万人，巴黎则为6万人），他诧异并羡慕于人们的消费能力："城市中主要街道是从城的一端直达另一端的，这条街的两侧有许多宏大的住宅，并配有花园。众人为了维持自己的生计行业，来来往往，川流不息。任何地方要供养这许多人口，维持他们的生活，似乎都是一桩不可能的事。但就我观察，每到集市之日，市场中挤满了商人，他们用车和船装载各种货物，摆满地面，而所有商品都能够找到买主。"

中国式的生活方式也让他目不暇接："湖中还有大量的供

《清明上河图》中的宋代商业街

游览的游船或画舫,这些船长约十五至二十步,可坐十人、十五人或二十人。船底宽阔平坦,所以航行时不至于左右摇晃。所有喜欢泛舟行乐的人,或是携带自己的家眷,或是呼朋唤友,雇一条画舫,荡漾水面。画舫中,舒适的桌椅和宴会所必需的各种东西一应俱全。站在离岸不远的船上,不仅可以观赏全城的宏伟壮丽,还可以看到各处的宫殿、庙宇、寺观、花园,以及长在水边的参天大树,另一方面又可以欣赏到各种画舫,它们载着行乐的爱侣,往来不绝,风光旖旎。"

宋元之际,随着中国工商业水平的发展、市民阶层的出现和休闲文化的热浪,茶文化被迅速普及开来。马可·波罗并不知道在杭州西湖的画舫上,经常有文人妙趣横生的茶会,也不知道与茶相伴的,还有茶会上那些精美的瓷器。所以,当他在中国最后游历到福建沿海,看到烧窑场的情景时,他才震惊了:"刺桐城附近有一别城,名迪云州,制造碗及瓷器,既多且美。"出于商人的敏感,他还仔细观察了中国瓷器的烧制过程:"这些瓷器的制作工艺如下:人们首先从地下挖取一种泥土,并把它堆成一堆,在三四十年间,任凭风吹雨淋日晒,就是不翻动它。泥土经过这种处理,就变得十分精纯,适合烧制上述的器皿。然后工匠们在土中加入合适的颜料,再放入窑中烧制。大批制成品在城中出售,一个威尼斯银币可以买到八个瓷杯。"

刺桐港就是今天的福建泉州,迪云州则是现在的中国瓷都之一——德化。这是西方人第一次认真端详中国的瓷器。而与此同时,在威尼斯商人马可·波罗的身后,有一条茶瓷之路正在徐徐展开,它的前世今生与无穷魅力,将会穿透东西方茫茫的海路,直抵人类文化的核心。

唐宋的名物

让我们先把目光,从威尼斯商人马可·波罗的脚下抽离,而以他手中的瓷杯为线索,进入近千年前那条光彩四溢的茶之路吧。

越窑青瓷串起了唐代的"海上瓷路"

笔者在《中国茶器——王朝瓷色一年年》一书中，曾讲述在中国茶文化史上，于唐朝蓬勃发展的越窑及在宋朝大行其道的建盏，而与它们相对应的煎茶道、点茶道文化，在黑暗重重的中世纪里，于地球的东方独放光芒，并影响到整个东亚文化圈的审美。

历史上，与中国东北接壤的朝鲜半岛中北部，曾设置过汉朝的郡县（据《史记·卷一百一十二·朝鲜列传第五十五》记载），而越南从公元前3世纪开始被秦朝征服，在五代十国时期，大约是公元966年前后，由丁部领首次建立起一个独立的封建政权。日本则是在东汉时与中国建立了关系，汉光武帝封其"汉倭奴国王"并赐印，宣布了它的藩属国地位。

在很长一段时间里，中国是东亚乃至东南亚大地上唯一强大的国家，由于特殊的历史背景和位置，周边几国受中华文化影响极深：对"天朝上国"繁荣兴盛的仰慕，使得他们"凡百制度，动皆模拟唐朝"，"高丽之治，大抵崇尚唐制"，"以海外之国，苟欲慕华为治"。

古代日本封建制度的形成，主要得益于对中国文化的吸收利用——从公元3世纪中期到6世纪，中国文化经由朝鲜传入，中国的儒家

高丽翡色青釉长净瓶（南宋）

思想也同时传到日本。日本又从中国学习表意文字，并模仿中国建立政治体制，所以直到公元8世纪初，日本才在奈良建立了第一个国家意义上的首都，史称"奈良时代"。八十多年后，日本又以当时的中国首都长安为蓝本，在京都建立了"平安京"，由此进入了"平安时代"。

从公元7世纪初至9世纪末长达两百多年的时间里，日本为了学习中国文化，先后十几次向唐朝派出遣唐使团，参考并学习了中国社会的各个方面，当时的日本建筑、文字、服饰、礼仪、制度等，几乎都是从唐朝移植过去的。而遣唐使们从中国带回去的物品，在日本被称为"唐物"，受到了社会各阶层尤其是贵族们的热烈欢迎。在贵族阶层中，人们以赠送唐物作为其地位及财富的象征，高级官员家中的财富甚至以唐物为计量单位。

在这些琳琅满目的唐物中，日本上流社会最喜爱的是中国的瓷器与丝绸。由于中国茶文化的输入，中国的茶道用器比如越窑的青瓷，极大吸引了日本王公贵族的眼光。在茶学经典《茶经》中，越窑被唐朝人、茶圣陆羽奉为各窑之首，与此同时，越窑的茶器则经浙东古运河向东到达明州港（宁波港），在那里被运往日本。越窑青瓷的输入对日本陶瓷业产生了很大影响。在平安朝贵族和僧侣们用茶器以青瓷为上的需求下，模仿越窑青釉瓷的平安绿釉器就应运而生了，平安朝的陶工们以越窑青瓷为仿造对象，开始进行绿釉器的生产。

朝鲜方面，在统一新罗时期（公元668—935年），朝鲜半岛与中国唐朝交往密切，于是大量越窑青瓷输入朝鲜半岛。在

朝鲜半岛生产的青花瓷器

扶余（今朝鲜半岛和中国东北地区南部），曾经出土了越窑青瓷的玉璧底碗15件；在益山弥勒寺（位于今韩国全罗北道益山市）遗址，发现了越窑青瓷残片；在雁鸭池宫殿（位于今韩国庆尚北道庆州市），出土了越窑青瓷玉璧底碗等器物，时代考证为公元907年以前。

到了统一新罗晚期，浙江地区的越窑工匠将制瓷工艺也传到朝鲜半岛，使其在较短的时间内完成了陶器向瓷器的转换，并开始了生产青瓷的历史。进入高丽时代（公元918—1392

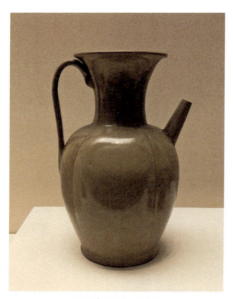

越窑青瓷瓜棱注子

年,主要处于中国的宋代,前后跨小部分五代十国时期和元朝)后,朝鲜的制瓷技艺更趋成熟,高丽翡色青瓷和镶嵌青瓷成为其主要产品。其窑址群主要分布在今韩国全罗南道的康津郡和全罗北道的扶安郡。

日本"唐物"中最名贵的瓷器,主要是"天目茶碗",它包括福建建窑的禾目天目(兔毫建盏)、油滴天目(中日古陶瓷界一般将一种釉面析出的晶体特征类似油滴浮于水面的黑釉茶盏称之为"油滴天目")、曜变天目(异毫盏),江西吉州窑的木叶天目、玳皮天目、龟鳖天目,河北磁州窑等北方窑口的油滴天目,不能完全确定窑口的黄天目,以及建窑系茶洋窑的灰被天目。

"天目茶碗"中的曜变天目是其中的最上品,又被叫作建州三天目,是日本茶碗中最高等级的茶碗。日本美术史著作《君台观左右帐记》里就有这样的记载:"曜变,建盏之无上神品,值万匹绢;油滴建盏是第二重宝,值五千匹绢;兔毫建盏值三千匹绢。"这是日本传统文化界对它们的评价。

那么，1匹绢值多少钱呢？按照日本文献上的单位价值换算，1匹绢约等于4380文钱，"曜变建盏值万匹绢"约合于722公斤的金子；"油滴建盏值五千匹绢"，也就是约合于361公斤的金子，而"兔毫盏值三千匹"，那也要约合216公斤的金子！这样看来，一个曜变建盏以目前（2021年）的国际金价340元/克来算，它需要两亿四千多万元人民币才能买得到！毫无疑问，这只有富可敌国的人才能拥有（在古代日本，也只有身为统治阶层的贵族才可能有资本使用它）。

禾目天目也就是起源于中国宋代的建盏，它是随着中国的点茶、斗茶风尚一起传入日本国内的，一到日本，就成了上流社会举办的茶会上最高级的茶器，成为主

北宋建窑黑釉兔毫纹盏

人身份的象征。像大阪市立东洋陶瓷美术馆所藏的建窑油滴天目茶碗，在1951年时被认定为日本国宝，它的主人正是丰臣秀次，是大名鼎鼎的日本战国时代政治家丰臣秀吉的养子。丰臣秀吉因为完成了统一日本的霸业，成为当时最有权势的人，而他的茶道宗师千利休，则是日本"茶圣"，正是他确立了日本茶道的基本理念：和、敬、清、寂。

日本茶道中的核心"唐物"，除了茶碗以外，就数日本茶席上的另一主角——茶入，它指的是盛放浓茶粉的小罐。因为

日本的抹茶道在演示过程中，一般要点两种茶：浓茶与薄茶。而点浓茶是茶事中的关键所在。茶入正是为适应这一要求，专门用来贮存浓茶粉（多以最上等的茶叶研磨而成）的容器，一般安置在茶道演示者身旁最显眼的位置。日本茶道中，欣赏茶入已成为一道令人向往的程序，其方法是让客人从观察茶入的外形开始，继而掂量其重量，以胎薄轻巧为佳；同时还要欣赏其素胎与釉色搭配装饰纹路的形式；最后是欣赏与茶入罐子相配套的罐盖（以象牙为主）。

茶入依形态不同，可分为擂座、大海、文琳、茄子、肩冲、瓢箪、鹤首、驴蹄、身付、文茄、瓶子、达磨等种类，造型大致以褐釉的小壶为主。最初传入日本的"唐物"茶入数量很少，直到室町时代（中国的元、明两朝），其主要来源还是从中国少量进口，因此十分难得。地方上的大名（日本历史上的各地大封建主），如果拥有一个珍贵的茶入，足以说明其与作为统治者的将军家关系非浅，因为只有最受信任的重臣，才会拥有将军下赐的名贵茶入。正因此，日本茶道界会把传世的著名"唐物"茶入一一登记入册，并按其不同年代和艺术价值分出等级：如"大名物""中兴名物"等。如果是"大名物"级别的茶入，人们会把它收藏在铠甲一般大小的漆器箱中，可谓重视至极。

我们在前两节已经提到，"唐物"茶器由中国向日本输出的主要口岸是明州港，也就是今天的浙江宁波，究其原因是唐代时生产极盛的越窑遗址，主要分布在古代越州（今绍兴），以及明州地区的绍兴、上虞、余姚、慈溪、鄞县等地，这里还是中国禅茶文化对外传播的主要输出地,来自日本、朝鲜的遣唐使们,大多数是从这条海路回国的。此外,统一新罗时期的新罗人张保皋,先是入唐朝为军官,后来经商,组建了一支庞大的船队,往返新罗与中、日三国之间,进行海运和商业贸易,开辟了属于东亚国家的"海上丝绸之路"。他把中国江南的茶叶、丝绸、瓷器源源不断地运到日本与朝鲜半岛。

"唐物"茶器的输出,使朝鲜半岛南端的康津郡成为越窑技术直接移植、传播的基地。晚唐、五代到北宋初的这一时期,朝鲜半岛的新罗、后来的高丽从中国引进了大量制瓷专业人才,而且在生产产品的结构上,也是以茶

唐三彩盖罐

器为主,比如各种莲瓣纹的茶碗、各种小茶盏及盏托……它们与唐代越窑的产品极其相似。

到南宋时,"唐物"茶器的输出名单中,龙泉窑已经接替越窑的地位,成为当时的"国家级青瓷器出口基地"。因为龙泉山区有丰富的瓷土资源和接天蔽日的树木森林,为青瓷烧制提供了不可或缺的条件,而瓯江水系也为外销瓷的运输提供了天然水路。时至今日,龙泉窑的古代窑址群,仍沿瓯江中上游

的庆元、龙泉、云和、丽水以至下游的温州等地散落分布，长达五六百里地。在这些地区共发现古代窑址500多处，其中龙泉县境内就有300多处。

"唐物"之风在东亚文化圈，尤其是在日本社会刮起的旋风，影响极其深远。公元1223年，也就是南宋嘉定十六年，日本人加藤四郎作为道元禅师（日本曹洞宗的开山鼻祖）的侍从来到宁波天童寺，在中国学习了5年制陶技术，归国后在日本的尾张、濑户烧制黑釉瓷——也就是"濑户烧"的"原型"，加藤四郎也因此被誉为日本的"陶瓷之祖"。

对茶道极度痴迷的政治家丰臣秀吉，为了从朝鲜抢夺他的茶师千利休所喜爱的茶碗，不惜出兵朝鲜，结果战败，但回国时却带回了上千名的朝鲜陶工，这次战争也就被人称为"瓷战"。在这些人中，有一个叫李参平的陶工，于公元1616年，在九州有田地区发现了瓷石原料，成功烧制出了瓷器，而这便是日本瓷器的典型代表"有田烧"。

日本茶器到后期形成了其独有的"和物茶碗"，如京都的"乐烧"，美浓的"志野烧""黄濑户""濑户黑""织部烧"，以及"远州七窑"等茶陶派系。各窑生产的茶陶虽在总体上都具有和物风格，但又因倡导使用它们的茶道宗师个人的趣味差异，呈现出不同的形式和风格。但是，与极尽精巧的唐物"茶碗"不同，它们因循日本的"物哀"美学，走上了另一条随意朴素的道路。

茶瓷之路对世界的影响，就此从东亚出发，随着漫漫的黄沙古道，或者悠远深长的海岸线，辗转延伸去了更远的地方。在那里，有"一千零一夜"的故事，也有与中国一样古老璀璨的文明。冒险者将在这里，因东方的美好物产，留下一段又一段的财富传说。

骆驼、大海以及阿拉伯的中间商

中国古代的丝绸之路,其实自汉朝开始就有两条。一条是我们熟知的由汉武帝派张骞出使西域开辟的以首都长安(今西安)为起点,经甘肃、新疆,到中亚、西亚地区,并连接地中海各国的陆上通道;另一条丝绸之路,则是古代中国与外国进行贸易和文化交往的海上通道,更确切的说法应该是"茶叶之

古代陆上丝绸之路的开拓者西汉张骞"博望侯"封泥(中国国家博物馆藏)

路"或者"瓷器之路"。

它在公元1913年,由法国的东方学家沙畹(法国人,生卒年1865—1918年)首次提及,但根据《汉书·地理志》的记载,其早在秦汉时期便已经形成,因为当时的番禺地区(今广州)已经拥有相当规模、技术水平很高的造船业,主要的贸易港口有番禺和徐闻(今湛江徐闻)两地,其航线为:从徐闻、合浦(今广西合浦)境内出发,经南海进入马来半岛、暹罗湾、孟加拉湾,到达印度半岛南部的黄支国(今印度境内)和已程不国(今斯里兰卡),这是可见的有关海上丝绸之路最早的文字记载。

广东历史上最著名也最古老的诸侯国——南越国(建立于秦末汉初时期)的国王墓里,曾经出土了一捆非洲大象牙和一批中亚器物,根据它们的数量和体积来看,当时的南越国已能制造载重在25~30吨的木楼船,并与海外有了相当程度的交往,这为海上丝绸之路的形成奠定了基础。这条海路直到唐宋元时期,开始极大地发展,分为东海航线和南海航线两条线路,主要以南海为中心。

公元6—7世纪时,正是中国从南北朝进入隋唐盛世的时代。当时中国对外贸易的海路,只是陆上丝绸之路的一种补充形式,但到唐代中期以后,随着诸藩的割据和北方游牧民族的不时侵扰,西域战火不断,导致陆上丝绸之路几乎被战争所阻断,代之而兴的便是海上丝绸之路。

当然,无论是陆路还是海路,要做生意都离不开中间商,那么,这些行走于贸易路上的商贾都是哪里人?他们怎么做生意?又经营些什么样的商品呢?我们到一千多年前去看一看吧。

"边城暮雨雁飞低,芦笋初生渐欲齐。无数铃声遥过碛,应驮白练到安西。"这是唐代诗人张籍对古代丝路场景的描写:边塞之外、大漠之中,只见滚滚的黄沙裹着骆驼的脚步,伴随阵阵驼铃,迎来各个国家的商人。安西,就是安西都护府,治所在龟兹(今新疆库车)。各国的商人也就是"藩商",主要是来自阿拉伯地区、古代波斯国。

汉代打通陆地丝绸之路后,中国与欧亚诸文明古国开始了长期的经济文化交往。中、西亚地区的民众由于正处在商品必

唐红陶胡人俑,这些来自西域的"外国人",最后融合形成了中国的回族

经的干道上,他们的商业嗅觉开始萌动,商业意识也越来越浓厚,就此开始了跨地域、跨国家、跨种族与民族的商贸经济活动。他们从印度拉来宝石、珍珠、金线、香料等货品,从中国带走丝绸、瓷器、茶叶等物资,又从波斯运回糖和布匹……这些商品通过布哈拉(今乌兹别克斯坦境内)、撒马尔罕(也在今乌兹别克斯坦境内,为古代帖木儿帝国的首都)等丝路重镇集散、转运,远销至欧亚各地。他们不畏生死,敢想敢干,通过丝路贸易累积起了巨大的财富。

阿拉伯半岛的汉志地区(位于今沙特阿拉伯王国西部沿海地带,是伊斯兰教和早期伊斯兰文化的发祥地),自古以来就是东西方商业要道之一,这个地区的麦地那、麦加等城市,几乎人人都从事商业活动,他们非常擅长经商。

另外伊斯兰教的创始人穆罕默德,在创立伊斯兰教之前,本身就是一个大商人,他说过"商人犹如世界上的信使,是真主在大地上的可信赖的奴仆","诚实的商人在报应的日子将坐在主的影子之下",他鼓励人们走出去大胆开拓财路,要敢为人先,敢冒风险,甘愿吃苦。身为穆斯林、来自阿拉伯的商人们,对商业经营有巨大的热情,这是许多其他地区的人们难以相比的。

由于地理、气候与文化的原因,古代东西方商品之间有极强的互补性,于是中间商们的生意蒸蒸日上。同时,因为古代商业信息的不透明和不流畅,导致这些商品交易带来超高的利润,这使得在漫长的丝绸之路发展史中,商人们无论如何也要排除万难,把一切可以交易的商品卖出去。海路没开,那就穿

泉州清净寺——中国现存最早的伊斯兰教寺院,是当年阿拉伯商人的聚集地

越沙漠;陆路断了,那就开上大船来运货。

陆上丝绸之路的全长是6440公里。那么从中国西安出发,用骆驼作运输工具,因为它走得慢,每天只能走25~30公里来计算,需要七到八个月,如果加上途中的各种不确定因素(天气差、有盗匪、需绕路等情况),那恐怕得花上一年多。从海路出发的情况,以广州为例,古人是利用季风实施顺风的航海活动的:他们一般在下半年的东北季风期间出发,然后在夏季(西南季风期间)归航,行船会经过海南岛、环王国(今越南

境内）、门毒国、古笪国、龙牙门、罗越国、室利佛逝、诃陵国、固罗国、哥谷罗国、胜邓国、婆露国、狮子国、南天竺、婆罗门国、新度河、提罗卢和国、乌拉国、大食国、末罗国、三兰国。这是一条通往东南亚、印度洋北部诸国、红海沿岸、东北非和海湾诸国的航路，《新唐书·地理志》称其为"广州通海夷道"。

很显然，无论走哪一条路，耗费的时间都很长。所以从远方来的中间商，往返一趟要尽可能多地带上畅销品，而货物一多，商人到贸易地也就不能马上完成交易，他们总要在这些寄托了自己财富梦想的城市里，停留上一段时间，处理各种商业往来，其中有些人，最后就定居下来，留在了中国。他们的后代，被称作"土生蕃客"，发展到今天，已经成为散居、全国分布最广的民族——回族的一部分。

唐宋时期，来中国做生意最后居留的外商太多了，以至于这些主要来自大食（阿拉伯帝国）和波斯的侨民在中国最重要的港口城市里，往往买田造房，与汉人通婚，改从汉姓，学习中国的语言和文字，其中佼佼者甚至参加中国的科举考试，从而步入官场。这些外国人在各港的聚居场所被称为蕃坊，他们中德高望重、有才干且有宗教学识的长老经推举成为社区领袖"蕃长"，并经中国皇帝审批后颁旨认可。

宋代时，指南针的制成恰逢其时，它被广泛应用于航海，使中国商船的远航能力大为加强。但与此同时，经济富裕的南宋居然发生了"钱荒"：那是南宋理宗朝的一年春天，浙江台州城的市民一觉醒来，忽然发现，市面上几乎找不到一枚铜钱流通了。史书说当时的情况"绝无一文小钱，在市行用"，这是为什么？难道堂堂的大宋朝廷会"没钱"？当然不是，从北宋中期开始，宋朝政府每年铸造铜币的数额都在100万贯以上，最高时达到450万贯，这是唐朝货币发行量的几倍甚至几十倍。所以，宋王朝货币的各渠道存量，到南宋中期已经直逼3亿贯了，怎么可能没有铜钱呢？

这有好几方面的原因：一是民间销毁铜币，私铸恶钱（含铜量不合标准的钱币）；二是民众销毁铜币铸造铜像、铜器等日用品；第三就是铜币的外流。由于宋朝当时的大国地位，使得宋钱成了等同于今日美元地位的国际货币，许多国家都对宋钱趋之若鹜，因为它不仅制作精良，币值也十分稳定。其中就有日本商人因为看中宋朝的铜钱，每年派出四五十艘商船来中国，以低价出售日货，大量回收铜钱，有时"一船可载数万贯文而去"，最后导致南宋市面上流通的宋钱，都被日本商船收购走了。

为了从根本上改变这种现象，宋朝政府于南宋嘉定十二年（公元1219年）下令以丝绸、瓷器交换外国的舶来品。这样，中国瓷器向外传播的数量骤然增多，范围也愈加扩大了。记述宋代海上交通贸易等内容的《萍洲可谈》（宋朱彧著）有记载："舶船深阔各数十丈，商人分占贮货，人得数尺许，下以贮物，夜卧其上。货多陶器，大小相套，无少隙地。"也就是说当年海路来往的商船中的货物，主要是瓷器，多得堆满了船舱的所有空间，人到晚上就只能挤在货物上睡觉。

南宋理宗时的赵汝适（南宋地理学家，宋太宗八世孙）写

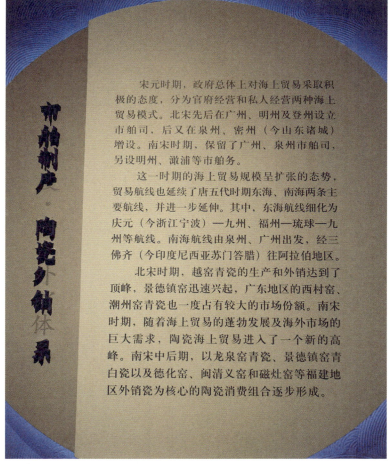

宋朝瓷器外销体系（笔者拍摄于中国国家博物馆展厅）

过一本《诸蕃志》，那时他是福建路市舶司提举，对中国与海外各国的通商情况比较了解。根据他的陈述，当时到中国来购买瓷器的外商，有15个国家和地区的。按南海地名考察，他在书中所列的国名、地名，包括今天的越南、柬埔寨、马来西亚、印度尼西亚、印度、菲律宾以及非洲东部的坦桑尼亚。而实际上，宋朝瓷器的输出还远不止以上这些地区，如销售宋朝瓷器很多的日本、朝鲜、埃及、巴基斯坦、斯里兰卡、泰国、阿富汗、伊朗等国都没有提到。

宋瓷出口量这么巨大，却还是远远不能满足需求，导致中国瓷器一运到国外，立即身价倍增，变成奢侈品，成为外国人的珍藏和他们身份的象征。这样的热情与商品需求量，大大促进了在中国的蕃商们的事业发展。这些原本来自阿拉伯地区的外国人，他们掌握了中国人的思想和处世理念，在中国的世俗社会和官场中都游刃有余，从而积累起了大量的财富，壮大了家族，成为一方巨贾。

蒲寿庚，中国宋元之际的大商人，祖籍阿拉伯，伊斯兰教徒，原居广州，后移居泉州，家族几代都以经营海上贸易为

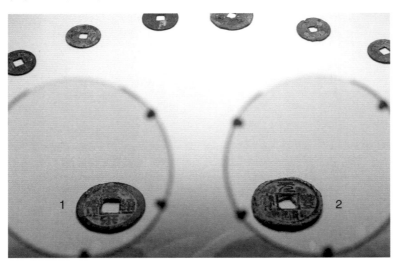

宋代铜钱，1为皇宋通宝，2为元丰通宝

业。一开始，蒲家拥有大量海船，但并无官方背景，是福建沿海地区的商人首领。直到南宋淳祐十年（公元1250年），蒲寿庚与兄一同帮助官府击退海寇，因功授闽广招抚使，兼领泉州提举市舶司，就此走上了官商之路，成为泉州势力最大、资本最雄厚的商人。他在南宋末年垄断了泉州的海上贸易长达三十年之久（《宋史·瀛国公本纪》景炎元年十二月条："蒲寿庚提举泉州舶司，擅番舶利者三十年"），赚得盆满钵满。公元1277年蒲寿庚归顺元朝，受到元朝统治者的重用，继续独揽海上贸易的大权。

瓷器到今天已经不再是奢侈品，而是人人都用得起的生活用品，但是在唐宋两朝，那是让整个阿拉伯世界为之倾倒的珍贵艺术品。当商人们沿着不同的商路，把中国瓷器运回阿拉伯帝国的宫廷时，精美的瓷器摆设就成了哈里发（阿拉伯帝国统治者）们的心头好。阿拉伯的民间富豪也参与到这一热潮中，他们比阔斗富，看谁家的中国瓷器更好更多。这就无怪乎在阿拉伯名著《地理志》里所列出的世界三大名产，除了阿拉伯的灯具，竟然就是中国的瓷器和丝绸！阿拉伯人实在是爱瓷爱得深切！

茶瓷之路追问：为什么是泉州和广州

上一篇中已经说到，在古老的丝绸之路上，有一些外国商人，冒着前途难测的风险，翻重岭、越沙漠、踏海洋，不远万里来到中国，开创他们的财富版图和终身事业。因为，在他们的脑海中，始终回响着先知穆罕默德发出的号召："你们去寻求知识吧，即使远在中国。"

与这召唤相呼应的，是唐代史料和诗文中的记录。如《全唐文》卷75记唐文宗语："南海蕃舶，本以慕化而来，固在接以恩仁，使其感悦。如闻比年长吏，多务征求，嗟怨之声，达于殊俗。况朕方宝勤俭，岂爱遐琛，深虑远人未安，率税犹重……其岭南、福建及扬州蕃客，宜委节度，观察使常加存问，除舶脚、收市、进奉外，任其往来通流，自为交易，不得重加率税。"这就是说来的外商多了以后，唐朝政府察觉到外商的税率负担较重，所以下令地方官员不得多收银钱。唐代诗人则写过一首《送泉州李使君之任》："云山百越路，市井十洲人。执玉来朝远，还珠入贡频。"这是指当时的泉州，有很多外国人前来贸易和居住，所以才有了"市井十洲人"的城市风貌。而这些外商之中,又有不少人是做珠宝生意的,所以泉州刺史才会经常带着珠玉向朝廷进贡。

由此可见,泉州自古以来就有非一般的商业影响力。它是联合国教科文组织唯一认定的海上丝绸之路起点,曾与古埃及亚历山大港一起被并称为全世界最大的港口。不过,在唐宋时期,位处福建的泉州远离中原王朝的政治中心,土地贫瘠,它是怎么发展起来的呢?

首先,需要社会人口的大量流入。这一点,与中国古代的历史发展变迁有关。从西晋时的少数民族南下,到唐天宝十四年(公元755年)的"安史之乱",再到北宋末年的"靖康之难",造成了中国古代历史上三次大规模的人口迁徙。中原地区的豪门大族和知识分子纷纷南迁,从长江中下游迁往晋江、珠江流域的各南方城市。他们带来了中原文化、先进技术和巨额的财富,泉州也就此兴盛起来。

其次,需要政策的配套落实。在宋朝,中国成为世界上最富有的国家,朝廷官员的工资高,老百姓的收入也不错。因为政府在管理贸易尤其是海外贸易方面很有能力,加上宋代人才辈出,发明创造层出不穷,使其造船技术和航海技术远超之前的各朝代。于是乎,宋朝政府设立了二十多个港口,并设置市舶司作为管理和服务机构,积极发展海外贸易。其中最重要的三大港口是泉州、广州和明州。那时泉州港与70多个国家和地区保持着贸易关系,到南洋、东洋、西洋的航路都畅通无阻。泉州市舶司有多能赚钱?南宋绍兴年间,泉州市舶司的年收入就达到了近百万缗(一缗钱合一两银,一百万缗就是一百万两

泉州市舶司

银子）之多，所以连皇帝都很高兴。

另外，按照现代人的说法，经济发展还要有产业带的支持。从这个角度来说，迄今为止，福建省还是中国名茶种类最多的地方，而且处处都有瓷器的"窑口"（瓷器的集中产地）。因为福建地区的窑土优质，所以窑口遍布全省——将口窑、浦城窑、福州窑、同安窑、南安窑、松溪窑、邵武窑、连江窑、莆田窑、建阳窑（华家山窑）、安溪窑、南平窑、建瓯窑、泉州窑、建窑、永春窑、光泽窑、罗源窑、松溪窑、漳浦窑、遇林亭窑、宁德窑、厦门窑、福清窑、泰宁窑、宁化窑、德化窑、闽侯窑、建宁窑、仙游窑、闽清窑、崇安窑、磁灶窑、漳平窑、平和窑、白马前窑、漳窑等等。此外，它离著名的瓷器中心江西景德镇、浙江龙泉等都不远。

唐宋茶文化的兴盛与输出，加倍刺激了茶叶和瓷器的生产、出口，这些当时价值极高的商品，源源不断地被运往海外，创造了盛世的繁荣。所以，宋代大学士李邴才在他的《咏宋代泉州海外交通贸易》一诗中写道"苍官影里三洲路，涨海声中万国商"。这是一幕港口千帆齐聚、船舶上下装货、商贾摩肩接踵的热闹市景。

公元1291年，意大利旅行家、威尼斯商人马可·波罗来到了泉州，他站在港口，难以置信眼前的景象，连连感慨："在上帝的保佑下，我们来到了中国的领土刺桐城，当地人把它叫作泉州。它是一个不同凡响的城市。刺桐城的沿海有一个港口，船舶往来如织，装载着各种商品。刺桐是世界最大的港口之一，大批商人云集于此，货物堆积如山，买卖的盛况令人难以想象。"

比马可·波罗更年长一些的威尼斯商人雅各·德安科纳，于公元1271年至1272年间来到泉州，他看见秋夜里忙碌的码头火把通明，货物堆积如山，好像永远都不会入夜……于是感到痴迷。他用半年多的时间，在泉州做了观察和记录，把自己在这座以火红的刺桐花为市名的城市里所看到的一切，回国后整理成了一部手稿。700多年后，一位英国汉学家发现它并且

泉州古称"刺桐",宋元时曾是世界第一大港,日夜繁忙

翻译了出来,以《光明之城》为书名正式出版发行。

还有元朝时来到中国的摩洛哥旅行家伊本·白图泰,于公元1346年到达泉州,而这是他到达中国的第一座城市。他在游记中写道:"这是一座巨大城市,此地织造的锦缎和绸缎,也以刺桐命名。该城的港口是世界大港之一,甚至是最大的港口。我看到港内停有大船约百艘,小船多得无数。这个港口是一个伸入陆地的巨大港湾,以至与大江会合。该城花园很多,房舍位于花园中央,这很像我国希哲洛玛赛城的情况。"

伊本·白图泰觉得中国的商品好，价格也很合理。他称赞中国工匠造的金银器皿、竹器、漆器制作都极精巧，而丝绸和瓷器更是世间独绝。在他生活的那个年代，从泉州和广州发出的瓷器，价廉物美，远销各国，最远甚至到达他的家乡——位处北非的摩洛哥，受到了热烈欢迎。

值得一提的是，伊本·白图泰的祖国摩洛哥，今天已是世界上进口绿茶最多的国家。当地人每年要消费6万多吨的茶叶，其中98%来自中国。当代摩洛哥最流行的饮品叫作"薄荷茶"，做法非常简单：就是绿茶加上薄荷叶，再根据个人口味决定是否加糖、加多少糖。这种口感清凉的茶饮料，许多人每天要喝上十几杯，不喝就感到生活失去了乐趣。

为什么呢？因为摩洛哥是典型的伊斯兰国家，居民多是穆斯林，他们信奉的教义不允许喝酒，可当地的天气又干燥炎

薄荷茶是摩洛哥全国流行的饮品

热，人们极其需要提神又解渴的饮品。所以摩洛哥人舍得拿出家庭收入的很大一部分，购买中国的高级绿茶，并且用它招待贵客，这成了一种礼节。许多摩洛哥人甚至开玩笑，说自己身体的一半都是用中国绿茶做的。

泉州和广州两大港，在很长一段时间内都是朝廷的支柱港口，但是在唐代中期以前，占据全国大宗贸易港口第一名的是广州，曾拥有4000余艘的年航船吞吐量，而泉州港的市场贸易份额大约为广州港的1/2。早在公元851年（唐宣宗大中五年），阿拉伯商人们就通过海路来到广州，他们看到了茶叶："国王本人的主要收入是全国的盐税以及泡开水喝的一种干草税。在各个城市里，这种干草叶售价都很高，中国人称这种干草叶叫'茶'（sakh），此种干草叶比苜蓿的叶子还多，也略比它香，稍有苦味，用开水冲喝，治百病。"

茶洋窑黑釉盏

广州是唐宋两朝实行对外开放政策的重点地区，外商定居众多，唐代时广州蕃坊最盛的时候，约有十三万人之众。这些来到广州的外国人中有伊斯兰教徒,也有犹太教、景教、袄教、印度教和佛教的教徒。他们无论信奉哪种宗教,都能受到中国政府的尊重。

公元879年,唐末农民军首领黄巢兵临广州城下,和朝廷展开了谈判。盐贩出身的黄巢看中了广州的富庶,提出朝廷若想招安他,就得让他担任广州节度使一职。他想以此为基地,赚更多钱,壮大自己的力量,便于以后拿下大唐的整个江山。朝廷拒绝了,黄巢于是攻入广州。按美国汉学家魏斐德的说法,当时死于战争的广州居民约有二十万人,其中外国人就有十二万,他们基本上都是商人。

这件事对广州的商业环境伤害不小,一度使得广州与主要外商群体——阿拉伯商人的贸易就此中断。直到半个多世纪后,宋王朝在广州设市舶司,对外贸易才恢复起来,但此时泉州港的地位,已经今非昔比了。

在地理上,原本泉州相较于广州,离南洋各转运港的距离要远一些,但是出于安全考虑,外商们选择了多花一些成本与时间的方式,在泉州设立大本营和办事处,这让泉州港到南宋后期已经超越广州,成为当时的世界第一大港口。这里有着世界上最大、最先进的商船,可以装载一千多人同时出行。

南宋时,中国经济最发达的地方是朝廷所在的江浙,尤其是杭州地区,这里工商业发达,出口商品种类多,宋朝政府很希望贸易港的位置离国家中心近一点,这样风险小、利润高,运输起来也方便,但是西亚和南海各国作为宋朝的主要贸易伙伴,却要求港口南移,因为他们远洋而来的风险和运费太高,杭州港及其附近的明州港，对他们来说都不够便利。于是双方选择了位处南宋海岸线中点的泉州港，这样才平衡了双方的需求。泉州港在此后一百多年的时间里，客似云来，宋朝官方和各国的贸易伙伴都合作得非常愉快。

公元1275年，南宋王朝与大元军队进行了最后一场战争。元军在次年南下占领广州，广州军民奋起反抗，但经过三四次抗衡后，广州还是落入元军之手。而广州人遭遇的杀戮和广州城受到的破坏，都是十分严重的，连广州的贸易也被中断。战争的结局是南宋军队惨败，从皇帝到军民全部殉国。

南方贸易线路上的所有城市，就此全部成为元军的战利品。面对满目疮痍，擅长打仗却不擅长经商的元军，迫切需要强大的经济支撑，来保证其军需和国库运转。他们看中了泉州的滚滚财源，选中了归顺元朝的蒲寿庚，命其继续掌管泉州的对外贸易。这从另一个方面，意外地让泉州商人的生活和泉州港的生意，几乎没有受到影响，反而继续快速前行。

宋元之交，战乱使许多茶器被来不及带走的主人匆忙埋藏，这是2018年浙江余姚巍星路窖藏出土的建盏情况

元朝至治二年（公元1322年），元世祖忽必烈在泉州、庆元（今浙江宁波）、上海、澉浦（今浙江海盐）设市舶司，之后陆续在广州、温州、杭州等地设置市舶司。就这样，元朝统治者在统一中国后，延续了宋朝政府重视商业的国策，大力拓展海外贸易，开始了茶瓷之路上又一段商业旅程。

大元王朝的生意经

大元王朝,对我们来说,在历史上的存在感既不如唐宋,也不如明清,因为它的存续时间只有短短的97年(公元1271—1368年)。而在这97年当中,这个朝代只举行过十六次科举考试(简称"元十六考"),因为从元世祖忽必烈开始,元朝的皇帝们更重视的是军事战术,精通的是马上功夫。

出于文化上的隔膜和内心的排斥感,元朝统治者有意识地将全国的民众分成四等:第一等是蒙古人;第二等是色目人(主要指西域地区的人,如当时的钦察、唐兀、畏兀儿、回回等部族,另外,蒙古高原周边的一些较早归附的部族,也属于色目人,如汪古部等);第三等是汉人(指淮河以北原金国境内的汉、契丹、女真等族以及较晚被元朝征服的四川、云南(大理)人,东北地区的高丽人也是汉人);第四等是原南宋境内的南人(原南宋境内各族,淮河以南不含四川地区的民众)。在元朝的上流社会中,第一、二等的人拥有种种特权,居统治地位,而文化发达、经济富裕地区的南人却地位最低,最受歧视,这导致后世士族林立的南方知识分子群体,也对元朝的统治不满。

不过，这并不妨碍大元帝国在世界上的地位——众所周知，元朝是中国历史上版图疆域最大的朝代，元朝的地域东起库页岛、日本海，南达南海，西至天山，而其北端更是一直画到了北冰洋，总面积达到2400多万平方公里（若再加四大汗国面积，超过3500万平方公里）。相比中国唐宋时的疆界，元朝不仅在面积上超过了它们，而且在控制程度上来说，除了吐蕃地区（今西藏）和如今新疆东部的少部分地区外，元朝在全国各地都设置了行中书省（简称行省），它在当时主要作为军事管理机构，掌管所辖省内的钱粮、兵甲、屯种、漕运及其他一切军政事务，这说明中央政府对地方行政有着全权控制的能力。

公元13世纪是蒙元帝国的世纪，蒙古骑兵的铁蹄从东亚踏到中亚再到西亚，甚至远至欧洲和东南亚海岛，所到之处，所向披靡。成吉思汗及其子孙在25年的时间里，以总数不到20万人的军队起家，先后灭亡了40多个国家，征服720多个民族，改变了亚欧大陆

伊朗出土的元青花梅瓶（现藏伊朗国家博物馆），可以窥见蒙元帝国的影响力

大部分地区的政治版图，人类族群之间的文化交流也受到影响。蒙元帝国的人口数量，由元帝国本部再加上四大汗国，总计超过了1个亿。从许多方面来说，蒙元帝国都是13世纪时世界上最强的国家，也是国际化程度最深的国家。

如此强大的蒙元帝国，当然需要巨额的财政支撑。但是蒙古人自己不善生产，对很多能带来高附加值的产业都是门外汉，所以，大元在灭亡南宋以后，采取了比宋朝政府宽松得多的经济政策，以便于招商引资，增加本朝的收入。

宋朝的工商业税非常高，高到什么程度？我们引用历史学家、宋史专家漆侠在《宋代经济史》一书中的数据：

"北宋时，两税尚占56%，但至南宋，已降至20.4%和15.3%。与此同时，商税急遽增长，构成了政府财政的主要来源，而包括商税在内的非农业税，也就占据了财政收入的大部分。北宋皇祐治平年间，商税比重不过40%左右，及南宋绍兴、乾道之交，仅茶盐榷货一项即占49%，连同经制钱、总制钱，非农业税达79%。而至淳熙、绍熙年间，茶、盐酒等坑冶榷货已达56%强，加上经制钱、总制钱、月桩钱，非农业税更达84.7%。"

工商税，是两宋针对工业和商业征收的赋税。宋代对盐、茶、酒、醋等生活必需品实行专卖制度，税收管理也非常严格。宋朝商税的大头正是来自各种专卖活动，仅粮食、布帛、茶叶、食盐这几项，对宋朝商税的贡献就高达34%～68%。由此可见，宋朝商税最重要的一点，其实是中央政府通过专卖制度，高度介入商业活动中，而这些税赋最后会转嫁到交易本

泉州开元寺沉船博物馆中的宋代古船

身,使得商品价格居高不下。

在海外贸易方面,宋朝市舶司对出口贸易是不征税的,本国商品只要检查货品完毕后就发放公凭,相当于今天的海关通行证;而对进口商品也就是中国商人带着外国货物回来,或者外国商人带着他们的货品来中国售卖,那就需要到市舶司去报关、纳税,关税税率是10%。据史学家统计,宋朝的GDP占当时世界上的50%,海关税收最高时能占到国家财政总收入的20%,所以宋代皇帝都非常重视这项收入。

到了元朝，政府做法大不一样：皇帝不仅没有对商业课以重税，而且取消了历代汉人王朝对商人的许多限制。虽然元朝也有专卖制度，但是没有像宋朝那样全面垄断。部分金、银、铜、铁、盐由政府直接经营；茶、铅、锡则由政府卖给商人经营。在海外贸易方面，无论是外国商船还是元朝本国商船在元朝进行贸易，对其货物的税率都是十分之一或者十五分之一（细物十分取一，粗者十五分取一，称为抽分），因此元朝的海外贸易空前繁荣，超过了宋朝。

我们在上一节中已经说到，公元1277年，在大元军队得到南宋都城临安和超级贸易港泉州后不久，元世祖就设了泉州市舶司。考虑良久的忽必烈，通过蒲寿庚等精通海外贸易的大商人，向各国原来的合作伙伴宣布了元朝将继续欢迎并保护通商贸易的谕旨。"诸蕃国列居东南岛屿者，皆有慕义之心，可因蕃舶诸人宣布朕意：诚能来朝，朕将宠礼之，其往来互市，各从所欲。"他下令："每岁集舶船于蕃邦，博易珠翠香货等物，及次年回帆，然后听其货卖。"

元朝的商船制造在宋朝的基础上继续发展："造船时，先用厚厚的木板做成两堵木墙，竖起来作为船头和船尾的堵板，然后用多根经过挼叠而成的巨大方形木料，将两堵木墙连接起来，其中一根方木作龙骨，同时，横向装上横梁，这样船的轮廓就形成了。轮廓形成后装上船底，再安装上两舷的船板，做成水密隔舱。无论是船底还是侧舷，都要用二重或三重木板加固。"这是伊本·白图泰在他的游记中所做的观察。谈到建造工艺时，伊本·白图泰说："木料之间的连接，一是用卯榫连

理海上贸易事务。这一时期,从庆元、泉州出发经澎湖南下菲律宾诸岛的航线逐渐繁荣,每条贸易航线都有相对固定的港口。登州、杭州、庆元、温州及上海等地属于东海航路的出发港口,广州则是南海航路的主要出发港口。泉州是两条航路的交汇点,是当时最大的海上贸易港口,亦是中外政治联系和文化交往的一个重要枢纽,被称为"东方第一大港"。

元代基本延续了南宋时期的陶瓷外销组合,瓷器的生产和外销规模进一步扩大。龙泉窑的生产和外销达到了顶峰,拥有巨大的市场占有率。元代中后期,景德镇窑除青白瓷外,相继创烧的卵白釉、青花瓷器也成为了重要的外销产品。这一时期,中国瓷器销往的国家和地区增加至近百个,海外考古资料显示,龙泉窑覆盖了全部的外销地区,景德镇窑瓷器主要面向菲律宾、印度尼西亚、阿拉伯地区和非洲地区,福建地区外销瓷主要销往日本和东南亚地区。

元朝瓷器外销体系(笔者拍摄于中国国家博物馆展厅)

接;二是用巨型铁钉钉牢。铁钉的长度有'三腕尺'('腕尺'是古代埃及、希腊、罗马使用的长度单位,1腕尺约合45厘米)。为了使船不漏水,还要用桐油、石灰、麻丝进行舱缝。"毫无疑问,这是一种用于远洋航行的巨型船舶,船身长度在一百米以上,排水量应当在三四千吨,它在风浪莫测的大海上,有着远超同时期其他国家的抗风险能力。

元朝时,从泉州港出口的瓷器是出口贸易中的大宗商品,在海外拥有非同凡响的声誉。根据元代探险家、航海家汪大渊所著的《岛夷志略》中的记述,他到过两百多个国家,每到一地，都要记录当地物产和所需贸易物品的情况，他就发现来自中国的外销瓷器，被列为几十个国家和地区的贸易物品，种类主要是青瓷、青白瓷和青花瓷。

龙泉窑青釉折沿盘

元代出口的青瓷主要来自龙泉窑，分为两类。一类是精美的陈设类龙泉青瓷，属于国外的宫廷贵族们使用的高档奢侈品。这一类瓷器的工艺繁复细腻，釉色以粉青为主，薄胎厚釉，胎质精白细腻，多层施釉，用瓷质垫饼垫烧，圈足深挖而规整，足内满釉，仅一丝露胎着地，多素面，少装饰，以器物造型和釉色取胜。另一类龙泉青瓷就是日用瓷器了，主要是出口到东南亚给普通老百姓使用的，所以这类龙泉青瓷的胎质相对较粗，工艺也明显没那么讲究：它虽然釉色青翠，但经常青中泛黄或泛灰，不够美观，制作时用泥质垫饼或垫圈垫烧，圈足底心无釉，亦少装饰。

南宋的灭亡对龙泉青瓷有一个很大的负面影响，就是匠人的流失导致核心工艺失传，瓷器烧造水平下降。到了元代，人们已无法烧出南宋时期那种优雅的梅子青色。为了弥补青瓷呈色的不足，元代龙泉窑的工匠们往往会采用模印、贴塑、镂雕等工艺手段作瓷器装饰，以追求另一种美感。

元代出口的青白瓷，主要来自中国东南沿海地区的外销瓷

> **龙泉窑**窑场分布于浙江南部山区,以龙泉县为中心。始烧于北宋,南宋至元代盛极一时。其直接继承越窑制瓷传统,逐步发展为庞大窑系,即使越窑青瓷日渐没落,但明州港依然是龙泉窑青瓷器物的集散与输出地。
>
> 龙泉窑青瓷的劲兴,一方面来自国内需求,宋室南渡后人口剧增,对瓷器的需求量加大;同时,朝廷为了克服财政困难,鼓励对外贸易,今日在日本、菲律宾、马来西亚、巴基斯坦、印度、埃及等国的古代码头及城市遗址中,均曾出土过大量的龙泉窑青瓷。
>
> 元至明代,龙泉窑优质青瓷不但被东亚、东南亚和印度洋周边的经济发达地区大量使用,并且还从红海北端跨越苏伊士地峡再经水路输送到了地中海沿岸各地以及更遥远的欧洲,其中以土耳其伊斯坦布尔的托普卡帕皇宫所藏器物最为著名。

龙泉窑窑场说明

窑。以江西景德镇为代表的青白瓷窑系产品,同时要兼顾国内及外销的需要;而福建、广东两省生产的青白瓷以纯外销为主。我们前文曾提到马可·波罗所说的"迪云州"的瓷杯,就是邻近泉州的德化窑产品,它非常具有代表性,当年外销量巨大,是外销瓷中的国际知名产品。

青花瓷是元代出口瓷器中最著名的产品,到今天仍然深受追捧。这是一种在瓷胎上用钴料着色,然后施以透明釉,用1300摄氏度高温一次烧成的釉下彩瓷器。由于这种釉下钴料烧成后呈现一种蓝色调,所以后来就被称为"青花"。元代青花瓷器前期使用的钴料,来自地处西亚地区的蒙古四大汗国之一的伊儿汗国,叫作"苏麻离青",它与元朝后期所使用的国产青花钴料相比,有明显不同。它的化学成分含量特点是高铁(Fe)低锰(Mn),瓷器发色特点是呈色艳丽的正深(宝石)蓝色,有些甚至呈幽雅的紫罗兰色。国产的青花钴料(包括新疆产的回青料）都是低铁高锰，发色呈灰（黑）蓝色。所以前期青花瓷又比后期的青花瓷产品拥有更多的追随者。

元朝对商人群体很少设限，政策宽松，因此许多经营海外贸易的商户，都成了巨贾，甚至入朝为官，其中又不乏外国人的身影。根据宋末元初的文学家周密在《癸辛什识续集·卷下》里的记载，当时仅仅一个叫作佛莲（蒲寿庚之婿）的阿拉伯商人，就"每岁发海舶八十艘"，他一个人就有80条海船，而泉州城里像他这样的富商还有成百上千，可以想象其中利润有多么丰厚。

德化窑青白釉瓷器

在元朝社会里，官方通用的语言分别是蒙古语、汉语和波斯语，因为当时的中国呈现国际化特点：除了蒙古人和占人口绝大多数的汉人以外，就是大量来自中西亚伊斯兰教国家（地区）的穆斯林信徒，其中又主要是阿拉伯人和波斯人。这些外国商人把本民族的宗教信仰和审美特点带到了中国，又把中国最具吸引力的商品输出到世界各地。在这个过程中，各个民族在思想和文化上的碰撞，对中国外贸中的各类瓷器产生了深远影响,也激发其他社会领域绽放了创造的花朵。

这些花朵,既盛开在东方古老的大地上,连绵扎根,又面向远方那一幕幕分裂聚合的大浪,散发出了异香。

从拜占庭到奥斯曼帝国的瓷路盛衰记

公元13世纪的海上茶瓷之路,在夜以继日地奔忙。少有人知道,它是否还像唐代时那样往来络绎不绝?在这条路上,究竟有没有发生过耐人寻味的故事?有没有传奇的身影,在这中世纪的大地上横扫一切?

答案,当然是肯定的。

翻开中世纪的地图,从中国通往欧洲的商路,会途经许多古国,它的终点是东罗马帝国。它还有一个非常希腊化的名字,叫作"拜占庭帝国",这也说明了这是一个与古代位于意大利半岛的罗马帝国不同的、已经希腊化的封建国家。公元395年,曾经庞大的罗马帝国饱受各路蛮族侵扰,为便于管辖而将帝国一分为二,东部帝国即以君士坦丁堡为首府。八十一年后,西罗马帝国灭亡,东罗马就成为唯一的罗马帝国。

拜占庭帝国的地理位置很独特——它的首都君士坦丁堡位于巴尔干半岛东端,连接黑海到爱琴海之间的战略水道博斯普鲁斯海峡,扼欧、亚两大洲的海陆商业要道,是欧洲和亚洲直接衔接的卡口,是世界上唯一的横跨两大洲的城市。正因此,

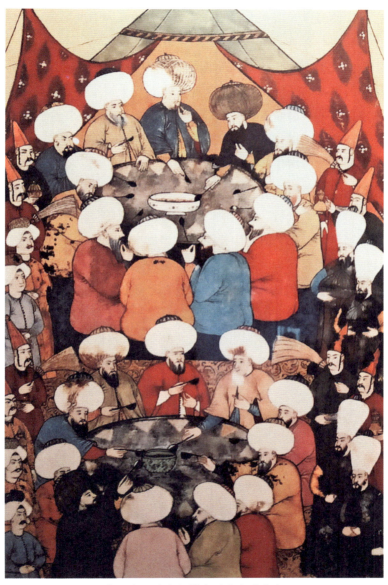

中国瓷器是奥斯曼帝国宴会的主角

它才凭借海洋和独一无二的海峡的保护，成为中世纪著名的国际贸易中心。

在这里，阿拉伯商人将他们从印度和东南亚采购的香料，从中国采购的丝绸、瓷器和茶叶，运到君士坦丁堡，然后转销给那里的威尼斯商人，与他们交换欧洲产的金矿、橄榄油或者羊毛挂毯。据说，到公元1180年时，已有6万外国人在君士坦丁堡的商业区居住经商（类似于中国的"蕃坊"），仓库和市场上堆满了豪华丝绸、奇珍异宝、珐琅金属工艺品、雕刻精美的象牙、香水、香料、皮革制品以及各式各样的日用品。欧洲的史学家号称，在当时君士坦丁堡的市场中，几乎能见到世界上其他各个国家和地区的商品。中世纪的地中海贸易，促进了后来14—15世纪时西欧资本主义萌芽的产生。

在拜占庭帝国缓慢生长的道路上，无可避免地发生了战争。先是向北扩张的阿拉伯人，然后是来自西欧的十字军东征，最后在公元1453年，完全落入起源于中亚突厥游牧部落的奥斯曼帝国之手。这是一个建立于公元1299年的帝国，因创立者为奥斯曼一世而得名，是土耳其人建立的多民族帝国。它在消灭拜占庭帝国后，定都君士坦丁堡，并将其改名为伊斯坦布尔，这个名字一直沿用到了现在。

奥斯曼帝国的出现比蒙古帝国稍晚，但是它存在的时间要长得多，从公元1299—1923年，整整跨越了六百多年的时光。极盛时的奥斯曼帝国的势力范围，领土包含南欧、巴尔干半岛、中东及北非的大部分领土，西达直布罗陀海峡，东抵里海及波斯湾，北及今之奥地利和斯洛文尼亚，南及今之苏丹与也

门，领土之大，横跨欧亚非三大洲。并且，它是15—19世纪时，唯一能挑战崛起的欧洲国家的大帝国

作为由原本弱小、贫瘠的部落酋长国变身而来的超级大帝国，在13世纪之前，奥斯曼人的经济生活以纯粹的游牧经济为主要形式。而与拜占庭帝国的长期交手，使得他们深受影响，逐渐从游牧转向定居，并学习从事农业生产。由于控制了关键的贸易通道君士坦丁堡，奥斯曼的经济逐渐向商业化转型。到后来，欧亚地区的贸易枢纽都被奥斯曼帝国所掌控，包括意大利和从葡萄牙手中夺走的黑海、爱琴海、地中海、红海及印度洋的远航路线，他们甚至还掌握了陆地上欧亚重要的商贸交通路线。

奥斯曼帝国的统治区域比较大，管理复杂，成本也很高，所以帝国必须要找到自己的生财之道。奥斯曼人的君主，也就是苏丹们，本身并不擅长搞经济，但他们和远在东亚的元朝统治者一样，采取了曲线搞活经济的政策：在商业上实行吸引、鼓励外国商人投资的政策，使得城市的手工业和商业迅速发展起来。为了经济发展的需要，奥斯曼帝国还吸纳了大批因为宗教信仰从欧洲出逃的犹太人。他们在君士坦丁堡等地很快就建立了自己的社区，并顺带发展了与许多地区的贸易往来，也因此奥斯曼帝国的经济发展迅猛。

奥斯曼帝国的首都伊斯坦布尔，在当时是一座著名的消费型城市。这里的人口数量在40万~50万人，在中世纪来看，已经是非常大的规模。所以，它不仅需要生活必需品，还需要各种各样的高档消费品乃至于奢侈品，因为城中有的是权贵和

土耳其托普卡帕宫内部装饰

富商，他们需要各种吸引眼球的娱乐活动，需要争奇斗艳，还需要炫富。这种攀比之风的浓厚，导致政府出手，颁布了本国居民的着装标志政策，要求各个族群在服装、仪容上，有自己明显不同于其他族群的特点，好各自保持合适的位置，遏制不良的社会风气。

奥斯曼苏丹有自己的审美趣味，在他们的皇宫里，体现得最为彻底的，就是来自中国的瓷器。根据20世纪50年代的美国学者波普的一本专著显示，位于伊斯坦布尔的托普卡帕皇宫，号称中国之外拥有中国瓷器最多的地方，因为它藏有自10

世纪起至19世纪末的中国陶瓷10358件,是目前世界上中国古代瓷器收藏数量最大、品质最佳的博物馆之一。其中最为有名的就是70多件元青花,都是奥斯曼帝国的王宫旧藏,其中不少是举世孤品。

根据中国学者后来的考证,这些古代瓷器几乎全部来自中国南方著名的两大窑场:一个是以烧造青瓷为主的浙江龙泉窑,一个是以烧制青花瓷为主的江西景德镇窑。龙泉青瓷大约有1350余件,大都是元代和明朝初期的产品,它们是专门用于苏丹登基、寿辰、大婚及其他重要庆典时的礼仪用器。而在青花瓷当中,由于其跨越了元、明、清三个朝代的烧造和出口,人们很容易根据其造型和纹饰的变化,观察近六百余年来中国外销西亚的各式各类外销瓷器的风貌。

笔者在《中国茶器——王朝瓷色一千年》一书中,系统阐释过元朝宫廷喜爱青花瓷的原因:在蒙古人看来,蓝色象征着苍穹和东方,象征着他们眼中的最高之神——永恒的蓝天。所以青花瓷从元代开始被大量地烧造,而后,通过几个世纪中贯通陆上和海上的两条贸易路线,被源源不断地输往西亚、欧洲、南非和东南亚等地区。在伊斯兰文化区的中心奥斯曼帝国,完全符合伊斯兰教义和审美的青花瓷(伊斯兰文化的主色调是蓝色,用蓝色装饰器物和建筑本是伊斯兰文化的传统),受到了历任苏丹和贵族们的强烈欢迎。他们日夜观赏,爱之如狂。

所以,托普卡帕皇宫里巨量的中国青花瓷,还有一个重要来源——因为奥斯曼帝国施行"木哈勒法"制度,规定官员去世后其财产收归国库,瓷器收藏亦进入大内宝库,以供王室取用。这就让许多凝结了主人毕生心血的青花瓷珍品,成为苏丹的私器。

元青花景德镇窑菱花口盘

中国青花瓷的盛行,进而影响到了奥斯曼帝国本身的陶瓷器生产。在一度成为奥斯曼帝国首都的历史名城伊兹尼克,一开始生产一些质量相对不高的陶器,勉强能满足旧时奥斯曼贵族的需要。到后来,奥斯曼帝国已跻身地中海一流强国的行列,原来那些粗糙的陶器就让奥斯曼人看不上了,于是苏丹指定工匠们向远在7000公里外的中国窑场学习,加紧研制符合本国皇家风范的陶瓷用器。

公元15世纪时,奥斯曼本国生产的高品质陶器,在外观上已经十分接近中国瓷器的水准了,但从成分来说,它与中国瓷器还很不一样,而是更接近于"玻璃器"。伊兹尼克陶器的烧制温度提高了,达到了900~1200摄氏度,但仍低于中国烧制瓷器所要求达到的1300摄氏度。另外,由于技术上确实不如中国,所以在制作一些复杂的产品时,很难做到一次成型,而是要利用融化的石英、玻璃或胶水拼装而成。陶器上色则普遍采用釉下彩的方式,在颜料上常常选择钴蓝色,因为要尽量看起来"很像"中国青花瓷,以博得苏丹的欢心。这种在外表上亦步亦趋的相似性，使得后来在奥斯曼帝国的官方记录中，一律将伊兹尼克陶器称作"瓷器"，可见王公贵族们对青花瓷喜爱的程度。

遗憾的是，伊兹尼克陶器从17世纪的后期开始，退出了历史舞台。因为从16世纪后期起，奥斯曼帝国的国势日衰，通货膨胀严重，物价飞涨，导致官方不断提高税率，伊兹尼克的陶器工坊于是纷纷破产。大批工匠流失，导致制作工艺开始逐步下降，终于败给了原本就更高级的中国瓷器，彻底失去了市场。

今天的土耳其，有另一个陶瓷器产地——阿瓦诺斯，它位于格雷梅小镇（欧洲著名的旅游小镇）的北边，是卡帕多西亚（位于土耳其中部，以神奇的峡谷地貌而闻名）著名的陶器小镇。这里有很多家庭作坊，是集陶瓷工作室、器物作坊和商店为一体的体验中心，其形态非常接近当代中国景德镇上的陶艺街。这里的陶瓷器物颜色五彩缤纷，图案明快而奔放，但主打色仍为蓝色，这也说明了伊斯兰文化的主色调，已经深深渗透在了土耳其人的生活里。

不得不说的是，土耳其人爱喝茶，而且，是世界上最爱喝茶的国家。他们现在可以抛弃咖啡，却不能不喝红茶。根据国际茶叶委员会的统计显示，土耳其的人均茶叶消费量常年稳居世界第一，每人每天能喝上10杯茶。土耳其人的茶瘾之大，有一句当地的俗语可以说明："Caysiz sohbet, aysiz gok yuzu gibidir."（如果交流中没有茶，就像夜空中没有月光般寂寥。）所以，茶馆和茶摊在土耳其无处不在。此外，土耳其的大街小

土耳其本土陶瓷器

巷、车站码头还经常有送茶的小贩出没,他们背着巨大的茶壶,端着一次性茶杯,穿着民族服饰不停地吆喝:"刚煮的茶!""Afiyet Olsun!"(吃好喝好!)这种极度接地气的推销方式,在其他国家几乎是不可能见到的。

在土耳其语里,表示"茶"的单词是Cay。这个词来自中国北方汉语,土耳其语中的这个单词,经过贸易之路上各国商人的口口相传,成为今天的发音。在奥斯曼帝国的统治后期,土耳其人通过海上贸易，引进了茶叶，从此改变了他们只爱喝咖啡的生活习惯。

奥斯曼帝国屹立的数百年间，位于伊斯坦布尔东西两端的亚洲和欧洲大陆，都在飞速地发生变化。人们的生活与贸易需求，在不同的世纪里，呈现完全不同的面貌。当威尼斯商人马可·波罗在公元1291年，乘上由泉州出发的海船返回故乡时，欧洲的中世纪也走向尾声，人类将迎来一场思想、文化、科学和艺术上的全面变革，对后世的欧洲产生深远影响。

欧亚之间需要有更多更频繁的交流，尤其是西欧诸国，对于东方物质的渴求空前强烈。但是奥斯曼帝国像一个庞然大物，矗立在各条东西方海路联结的中心点，对过往的商旅队伍，造成利润压迫。于是，人们不得不另外开辟新的交通路线，以便绕过奥斯曼帝国，为下一步的商业发展寻找通道。

第二章 浮华年代

文艺复兴和享乐主义年华的到来

公元1348年,在中国是元朝至正八年,元朝的最后一个皇帝元顺帝已经在位十多年了。这一年的11月,台州黄岩(属浙江)人、盐贩方国珍起兵反元,这是元朝末年的第一次农民起义。

这一年,位于安徽省凤阳县城北凤凰山日精峰下的皇觉寺山门外,走来了一个年轻人。只见他二十郎当岁的年纪,衣衫破烂不堪,眼神中却带着倔强。这是在路上颠沛流离,已经讨了三年饭的小和尚朱重八,因为无处可去,回到了收留过他的破庙。

我们现在都知道了,朱重八就是日后的明太祖朱元璋,我们可能不知道的是,在元朝末年的中国陷入水深火热时,在遥远的西方,同样面临着人类历史上的一场巨大浩劫——在欧洲尤其是法国和意大利的所有城市里,数以千万计的人在死去。他们都死于"黑死病",也就是鼠疫。从公元1348年到1352年,鼠疫几乎断送了当时欧洲三分之一人口的性命,总计约2500万人!

在这些城市当中,情况最严重的意大利佛罗伦萨有半数以上的居民因此丧生,整个城市弥漫着恐怖绝望的气氛。当时正在佛罗伦萨的作家薄伽丘,便以此为背景创作了小说故事集《十日谈》。他在作品一开头就描述了这种恐怖场面:"每天,甚

文艺复兴时期的绘画里,藏着中国瓷器的身影

至每小时,都有大批的尸体运到全市的教堂去,教堂的坟地再也容纳不下了……等坟地全葬满了,只好在周围掘起又长又阔的深坑,把后来的尸体几百个几百个葬下去,就像堆积在船舱里的货物一样。"

《十日谈》是欧洲文学史上的第一部现实主义作品。它有一个非常大的标志性意义,就是象征着漫长的、笼罩了欧洲一千多年的中世纪氛围在消散,一个以神为中心的时代,要让位于一个以人为本的世界。从14世纪到17世纪,一场囊括了思想、文化、艺术、科学和商业等各领域的全面变革,让欧洲从封建农奴制的社会,快步迎向资本主义社会。这是一个具有积极探索意义的时代,它有一个浪漫化的名字,叫作"文艺复兴"。

我们在第一章当中,已经看到中世纪的意大利与今天的意大利国家不同,它并非一个统一的政治实体,而是由一些城邦和领地组成,包括南部的那不勒斯王国、中部的佛罗伦萨共和国和教皇国、北部和西部的热那亚共和国与米兰公国,以及位于东部的威尼斯共和国。因为地理位置的关系,这是地中海一带商业最兴盛的地方。这里的人们,对财富和新事物的渴望有着非比寻常的热情。所以我们会看到威尼斯商人马可·波罗,不远万里地来到中国,无论吃多么大的苦,经受多大的危险,也不曾后退过。

在信息极度不发达的年代,马可·波罗以及与他一样的商人们,从遥远的东方带回各种各样的商品,也带回欧洲人觉得离奇却很有吸引力的想法。由此,引发了整个欧洲大陆的人

乔凡尼·贝利尼的画作《诸神的盛宴》局部

们,对当时已经高度文明、极其富裕的东方,尤其是中国,产生了强烈的探索欲,他们有了更多的念头。

现今被藏于华盛顿国家美术馆的名画《诸神的盛宴》,是意大利文艺复兴时期的大画家乔凡尼·贝利尼的作品,也是他一生创作的最后一幅作品。画的内容是统治天下的奥林匹斯山诸神,在夏日的午后聚到了一起,在沐浴金光的大地上,无拘无束宴饮的情景。而这幅画里让人印象最深刻的,莫过于在贝利尼描绘的盛宴中,诸神用的都是中国的青花瓷器。

乔凡尼·贝利尼出身贝利尼家族,该家族是意大利源远流长的古老家族之一，对意大利社会生活的变化和发展，可以说了如指掌。乔凡尼作为政府认可的威尼斯首席画师，在以天神为题材的作品中大篇幅地描画青花瓷器，也是说明了在文艺复兴时代，欧洲社会对中国已经有了更多了解，而且像中国瓷器这样的物品，成了上层统治者的追求，是他们财富和地位的象征。

丰山瓶

据说，目前有官方档案可查的、最早进入欧洲的中国瓷器，是一件元青白釉开光（所谓"开光"，是指在无主题的图案中，用轮廓线开出一个框，框内画上主题图案，这种装饰方法最大的好处是能够突出主题）花卉玉壶春瓶，又称丰山瓶（18世纪末著名收藏家碧福旧藏，后便以他的家乡名命名）。它的瓶身四面堆贴菱花形串珠开光，内有镂雕花卉，是一件流传了几百年的中国文物，现藏于爱尔兰国家博物馆。丰山瓶到欧洲后，被人添加了金属盖、流苏、把手和底座，变成了一件执壶（欧洲人用来作酒器），它还有一段不停易主的往事：在14世纪时属于匈牙利国王，15世纪属于那不勒斯女王，16世纪到了法国，法国大革命后又流转到英国。在它流转的过程当中，历任主人都对它珍爱有加。

意大利佛罗伦萨的名门望族美第奇家族，是推动了文艺复兴的重要政治力量之一。他们通过银行业务，成为欧洲最富裕的家族之一，并实际统治佛罗伦萨近三百年之久。在这个家族里，先后出过四位教皇（庇护四世、利奥十世、克莱门特七世、利奥十一世）和两位法国

文艺复兴时期意大利政治家、"华丽公爵"洛伦佐·德·美第奇

王后（凯瑟琳·德·美第奇、玛丽·德·美第奇），还诞生了文艺复兴盛期最著名的艺术赞助人——"华丽公爵"洛伦佐·德·美第奇。他是一位著名的诗人和艺术评论家、收藏家、鉴赏家，还是一个狂热的瓷器爱好者。

话说那是15世纪的某天，这时候中国的四大发明，已陆续传入欧洲，同时中国精美的各种手工艺商品和艺术品，也在欧洲贵族的生活中，掀起了波澜。于是，在公元1487年某个昏暗的下午，坐在宫廷中的洛伦佐·德·美第奇收到了埃及国王赠送的一件礼物——来自中国的瓷器，这位艺术眼光绝佳的公爵大人，从来没见过这么精美的瓷器，他被深深地吸引了。这之后，美第奇家族的继承者们，纷纷斥巨资赞助本土的陶瓷烧制产业，希望能烧出像中国瓷器那么美的瓷器。

但是，欧洲人并不知道中国瓷器是如何生产的，他们一开始纯粹靠猜。有位西班牙历史学家说："中国瓷器是由白陶土制成的，先将陶土放在水里加热浸泡，之后在其上涂一层奶油或是脂肪，待油脂大量下沉至底部时，除去奶油和多余的物质，精美的盘子就做成了，然后把作品拿到户外成形，将其涂金或是彩绘，不是过了百年，而是不久就被送进壁炉里烧烤……"另一位意大利的占星学家说："瓷器由一种在地下凝结的汁液制成，有人从遥远的东方把它带回。"还有位作家则是这么认为的："人们把蛋壳和脐鱼壳捣成粉末，加水调和，做成花瓶形状。然后把它们埋在地下，一百年后挖出来，这时才算做好，可以摆出来叫卖。"……西方人对于中国瓷器的想象，可谓五花八门。

公元1575年，美第奇家族的第二代托斯卡纳大公佛朗西斯科·德·美第奇，派人搜寻、集中了地中海地区最好的陶匠，开始了仿制中国瓷器的试验。他们在试验当中，用到了各种有可能烧出白色瓷器的原材料，包括黏土、蛋壳、玻璃等等。最后东西是烧出来了，但很明显的是，因为这些器物胎体有的呈浅黄色，有的呈灰白色，本身是不一致的，然后用蓝彩或锰红进行装饰，上含铅的低温釉，最后烧制出来的釉色各不相同，从不透明的到色彩艳丽的都有。试验的最后，器物不仅釉色分布不均匀，其表面常见冰裂纹或伴有气泡，而且还非常易碎，难以保存。所以，虽然佛朗西斯科·德·美第奇兴致勃勃地命名它们为"美第奇瓷"，但毫无疑问，这个试验以失败告终了。

其实在意大利本土，有一种历史久远的锡釉陶器，称为马约里卡。其得名是因为在15世纪初,锡釉陶生产技术由中东经西班牙南部马约里卡传至意大利。这是一种在钙质黏土陶胎上,涂以白色锡釉,再用五彩缤纷的色彩描绘花纹的陶器。马约里卡的纹饰包括故事、植物、动物或风格奇异的阿拉伯式图案、纹章图案等。

以仿中国青花为基调的意大利锡釉陶器,是文艺复兴时期的经典作品

文艺复兴时期15世纪末至16世纪初的时光里,马约里卡陶器曾经在整个欧洲流行,后来由于"中国风"的影响,马约里卡的陶器在制作过程中经常模仿中国明代青花瓷器,产生了一种新的趣味。但是由于并不了解青花真正的烧造工艺,所以马约里卡的所谓"青花"器,只是一种单纯地在样式和装饰上进行模仿的结果,在结构和工艺上完全不同。

在16世纪中期曾经出现过一本书,作者详细描述了意大利制陶的整个过程,还有当时的颜色搭配:"从中东传入的钴蓝,这是主要颜色;略偏棕色的紫罗兰色,这个可以从托斯卡纳肥沃的土地中获得;煅烧后的铜,可以提取绿色。这些是14世纪时的配色。到了15世纪,工匠们又从锡耶纳的矿厂中提取了黄色,与蓝色相搭配,这是整个文艺复兴时期最经典的配色。"

钴蓝色，这正是中国青花瓷的美丽底色。在文艺复兴后期的欧洲绘画作品里，我们开始大量看到中国青花瓷器特有的钴蓝色身影出没。它们有时藏在宫廷的珠光宝气和宫斗画面里，有时在中产阶级主妇的厨房和客厅里，有时又在人来人往、充满了物欲刺激的拍卖市场上……但无论何时何地，都切中一个正在变化中的时代的脉搏。

文艺复兴的风气，从16世纪初开始，由它的中心意大利半岛，逐渐传播到了整个欧洲社会。在文艺复兴的后期，由于它的"人本位"思想，使得人们从摆脱宗教的极端束缚中转到了另一个极端——一意要求解放人的个性，过分强调个人在社会中的重要性，使得文艺复兴发展到后期时，造成了全社会都追求物质享受，为满足个人膨胀的私欲以及享乐而不择手段甚至贪污腐败的消极影响。

但即使如此，文艺复兴的积极意义仍然巨大，不仅因为它诞生了前无古人的文艺复兴文学三杰（但丁、彼特拉克、薄伽丘）和艺术三杰（达·芬奇、米开朗基罗、拉斐尔），更是因为它为改变人类社会的历史发展进程做出了意义深远的尝试。

达·芬奇

米开朗基罗

拉斐尔

恩格斯曾这样评价文艺复兴："这是一次人类从来没有经历过的最伟大的、进步的变革，是一个需要巨人而且产生了巨人——在思维能力、热情和性格方面，在多才多艺和学识渊博方面的巨人的时代。"由此可见，文艺复兴使整个欧洲社会都有了很大的进步。

而对此时尚未定型的欧洲各个国家来说，正因为文艺复兴带来了蓬勃的勇气、野心以及生命力，才会让科学技术得到发展，更有效的商品与服务应运而生，工业制造、农耕和贸易都得到改进，大幅超越中世纪的成就。人们在城市经济的繁荣里，感慨英雄与探险者们创新进取、冒险求胜的精神，这就让一场惊天动地的文艺复兴，改变了全世界。

大航海时代的朝贡和贸易

我们把目光回到中国的土地上来。

从公元14世纪到16世纪，当西方的土地上正如火如荼地展开影响深远的文艺复兴之时，中国正处于它的封建王朝历史上的明朝。我们在前一篇文章中所提到的朱元璋，早就完成了开国大业，并把江山交到了孙子朱允炆手里。一生坚韧、孤高的他没想到，在他死后仅仅一年的时间，儿子朱棣就树起反旗，夺了孙子的帝位，并把反叛的行为定为"靖难"（意思是皇帝身边有奸佞之人，所以要平定祸乱，扫平奸臣）。

故事的最后，年轻的建文帝朱允炆究竟是死是活，人在何处，都成了中国历史上的千古之谜。有一种说法是，公元1402年，时年25岁的朱允炆，从宫里蹊跷的大火中逃生后，乘上远行的航船，永远离开了祖国。

建文帝究竟有没有出海？有没有像民间传说的那样流亡去了东南亚？最关心这件事的，其实只有朱棣本人。公元1405年时，曾经的燕王朱棣已经是明朝皇帝，他初步完成了编纂《永乐大典》这项工程浩大的工作，然后叫来了当时34岁的太监郑

朝贡贸易·早期全球化贸易体系

明代初期，明政府只推行官方的朝贡贸易，禁止民间参与海上贸易活动。洪武至永乐年间，先后于宁波、泉州、广州及福州等地设立市舶司，实行海禁与市舶司管理并行的制度。永乐三年（1405）至宣德八年（1433），郑和率领满载瓷器、丝绸、金银等货物的船队七下西洋，途径亚非40多个国家和地区，明代朝贡贸易达到顶峰。隆庆元年（1567年），随着民间对于海上贸易的需求迅速增加，明政府开放漳州月港，允许进行民间海上贸易，史称"隆庆开海"，民间海上贸易由此成为明代海上贸易的主要力量。

明代前期，我国陶瓷器的输出主要围绕官方朝贡贸易体系进行。带有官营性质，且具备当时最高生产水平的景德镇窑青花瓷、龙泉窑青瓷成为主要的陶瓷贸易产品。明代后期，随着新航路的开辟及民间海上贸易的开放，以景德镇窑青花瓷、德化窑白瓷及漳州窑青花瓷为代表的中国瓷器，沿着全球化贸易网络远销欧美地区，明代陶瓷外销进入高峰时期。

明朝瓷器外销体系（笔者拍摄于中国国家博物馆展厅）

和。他要把一项更加艰巨的任务交给郑和——以大明使者的身份前往海外诸国，把天朝的恩威传播到世界各地。这个消息一传出来，民间就起了各种传言，认为皇帝是担心建文帝未死，

郑和下西洋船只。据南京静海寺残碑记载,郑和船队配备大型船只"二千料海船",现代研究者一般认为这是适于远洋航行的福船

所以才派自己的心腹太监去海外勘察。

而这件事以前没有人做过,以后也没有皇帝想再做,因为,它太烧钱了!就在公元1405年7月11日,郑和的船队从江苏太仓刘家港起锚出海,开始了大明帝国的第一次远航。他的目的地是西洋国家(在中国人当时的观念里,中国南海以西的地区都是西洋)。他带去了一个浩浩荡荡的使团,包括各级官员、士兵、水手、航海技工、医生和翻译在内共有二万七千八

百多人，需要两百多艘海船才能装得下。而郑和使团乘坐的海船，是一种长四十四丈、宽十八丈，在当时世界上属于第一流的先进船舶。

我们已难以确知，这么多人同时出海，是一个什么样的场景，但肯定每天都要消耗大量的生活物资。郑和的秘书之一巩珍记载："下西洋取得内官合用盐、酱、茶、酒、油、烛等件，照人数依例关支。"郑和船队里还有专门运输牲畜、家禽的船，有专门种植蔬菜、生姜的船，甚至，除了专门负责种菜的船之外，还有用瓦缸闷种发豆芽的船……这样的海上生活条件在六百多年前，那是真的了不得，再加上船只的建造和维护，士兵、水手、各门类工作人员的薪资和沿途补给，采办的商品等等，郑和下一次西洋大约要花费白银四百多万两。

明朝的物价是什么水平呢？据《明史·食货志》（记述了田制、户口、赋役、漕运、仓库、钱法、盐法、杂税、矿冶、市籴、会计等制度的社会学书籍）记述，"于是户部定：钞一锭，折米一石；金一两，十石；银一两，二石。"明朝的一石等于现在的94.4公斤，一般一两白银可以购买大米两石。这样看来，以作为物价基准的粮食价格来衡量的话，假设我们现代人食用的普通米价为5元/公斤，那么一两白银是2×94.4×5=944元，四百万两白银就有近40亿人民币。这肯定会对当时年收入不足千万两白银的明朝国库带来巨大压力。

但是，从公元1405年（永乐三年）始，至公元1433年（宣德八年）终，这支庞大的团队一共下了七次西洋。他们干什么去了？来回都带了什么？又到了哪些地方呢？

明代各时期的青花釉料及呈色对比说明

不同类型的青花釉料对比说明（笔者拍摄于北京鲁迅博物馆展厅）

说实话，因为从来没有一个国家能派出这等规模的外交使团或者商团，所以郑和船队所到之处，一开始各个国家都是既惊讶又怀疑，因为如果这些人来意不善，他们也没有能与之抗衡的办法。不过很显然，他们的担心是多余的。威风凛凛的大明皇帝并不想侵略这些小国，而是派郑和宣传他的皇谕说，明朝皇帝奉天承命，乃上邦大国之君，是奉"天命"来管理天下的，四方之藩夷都要遵照吾皇说的去做，各国之间不可以众欺寡，以强凌弱，要珍惜和平，如果奉召前来朝贡，则礼尚往来，一律从优赏赐。

其实在古代的大多数时候，四方"夷狄"虽然看起来客气而恭谨，但说到底，他们对中原王朝都只是表面臣服，私底下自己关上门干自己的事，中国皇帝再威风也是鞭长莫及。但这种特殊的外交模式，却产生了中国独有的"朝贡"制度——其他国家或民族的人,无论你是来履行外交礼仪还是想做生意,因为你是我的下属,与我天朝上邦不能是平等的关系,那么你来我国的目的只有一个,那就是朝贡。只要你带着自己国家的土特物产进贡给中国皇帝,那皇帝就会以他最大的仁慈和慷慨之心,把中国的奇珍异宝赏赐给你们。这中间,当然会产生巨大的贸易利润。

于是乎,在中国人看来,朝贡贸易的目的是朝贡而不是贸易,而东亚、东南亚、中亚、西亚甚至远到非洲的各个国家来中国进行朝贡贸易的目的,是贸易而不是朝贡。因为中国在很长一段时间内保持了世界上的技术领先地位和商品竞争力,所以把中国的商品,尤其是世界上数一数二的丝绸、茶叶、瓷器带回国内售卖,是他们发家致富最快的方式。

所以,在明朝官方的说法里,郑和船队下西洋最主要目的就是进行"朝贡贸易"。为了向海外各国展示大明王朝的威风与富强,为了宣扬大明天子的恩德、招徕各国称臣纳贡,郑和船队先后到过占城(越南南部)、真腊(柬埔寨)、暹罗(泰国)、苏门答剌及旧港(印尼苏门答腊)、浡泥(印尼加里曼丹)、爪哇(印尼爪哇岛)、满剌加(马六甲)、锡兰山(斯里兰卡岛)、溜山(马尔代夫)、榜葛剌(孟加拉)、古里(印度卡利卡特)、忽鲁谟斯(伊朗霍尔木兹)、祖法儿(阿拉伯半岛东部)、阿丹(也门亚丁)、木骨都束(索马里摩加迪沙)、不剌哇(索马里巴拉韦)、麻林(肯尼亚马林迪)等三十多个国家和地区,从印度半岛南端,再向西越过印度半岛,行抵中东地区,最远到达非洲东海岸的赤道以南。

郑和船队带去的"中国制造"产品，有绫罗绸缎，有南方的茶叶，有来自中国福建、广东、浙江、江西几省的瓷器，还有金银器、铜器、铁器、漆器、农具、雨伞、书籍、土帛布、中药、麝香、樟脑、大黄、柑橘、肉桂、米、谷、大豆等中国特产，林林总总加起来有一千多种商品。

当然，在古代，这么多商品的销售不可能是门到门、点对点地完成，它最后采取的是各海域船舶分段承运、定点转口的海运模式。因为当年海上交通的情况极复杂，所以中国官方贸易代表团与长期合作伙伴阿拉伯海商一起进行了技术交流并勇敢探索，最终开辟了中国到印度洋的航路。这是一次伟大的创举，而且，它就此轰轰烈烈地拉开了大航海时代的序幕。

明代的"中国制造"瓷器——明洪武釉里红缠枝莲纹盘，可以说是代表了当时瓷器烧造的相当高水平

由于中国瓷器的烧造水平当年举世无双，所以郑和每次下西洋所带商品中，瓷器所占的比重都特别大，因为西洋各国"好市华人磁瓮"（晚明张燮《东西洋考》），国际上对中国瓷器的需求特别大。郑和的助手之一费信写过一本《星槎胜览》，里面详细记载了郑和的船队与所到各国进行瓷器贸易的情况。其中，有9处明确提到青花白或青白花瓷器：

郑和宝船模型

　　暹罗：货用青白花磁器……之属。锡兰山：货用金银铜钱、青花白磁……之属。柯枝：货用色、白丝、青白花磁器……之属。古里：货用金银、色、青花白磁器……之属。忽鲁谟斯：货用金银、青白花磁器……之属。榜葛剌：货用金银、布缎、色绢、青白花磁器……之属。大呗喃：货用金银、青白花磁器……之属。阿丹：货用金银、色段、青白花磁器……之属。天方：货用金银、段疋、色绢、青花白磁器……之属。

有4处提到青白瓷器:

旧港:货用烧炼五色珠、青白磁器……大小磁器……之属。满剌加:货用青白磁器、五色烧珠……之属。苏门答剌:货用青白磁器……之属。龙牙犀角:货用……青白磁器。

另外,郑和的翻译官马欢写了本《瀛涯胜览》,里面也有5处提及瓷器贸易,尤其是爪哇国一条,明确指出在这个国家里"国人最喜中国青花瓷器,并麝香、花绢、纻丝、烧珍之类,则用铜钱买易"。

明代景德镇窑青花花鸟纹罐

中国瓷器的供不应求,自然使它身价不菲。而由于郑和船队的主要合作伙伴和贸易往来国有许多是伊斯兰国家,所以他们最喜欢的青花瓷价格又较其他种类高出许多。据《明会典》(明代官修的一部以行政法为内容的法典)记载,当时的青花白瓷盘每个五百贯,碗每个三百贯,瓶每个五百贯，酒海每个一千五百贯；豆青瓷盘每个一百五十贯，碗每个一百贯，瓶每个一百五十贯。这表明了从贸易的角度来说，青花瓷器因为深受外销地区各阶层人士的喜爱，所以是非常理想的外销商品。

七下西洋的明朝官方贸易团带回来的东西，那也是五花八门。有白银、香料、檀香、宝石、象牙、乌木、樟脑、锡、鹿皮、珊瑚、翠鸟羽毛、龟甲、犀牛牛角、染料、药物、印度棉布和龙涎香（用于香水）等，这些大多是实用品，皇帝乐于接受。但是，他们还带回了各种外来动物，如斑马、犀牛、羚羊、鸵鸟、大象和长颈鹿等，这让有关部门为安置它们感到头疼。

国际的巨大需求，又反向推动了明代中国青花瓷的发展，为什么这么说呢？因为郑和船队七下西洋，从西亚地区（主要是伊拉克）大量购回了元朝后期因战乱被迫中断供应的苏麻离青，作为永乐、宣德两朝官窑青花瓷的上等色料。同时，因为大明王朝当时首屈一指的航海能力和军事实力，郑和船队的贸易，重新打开了青料顺畅进口的通道，保证了中国青花瓷（主要是景德镇的官窑）的产品质量。

公元1433年，62岁的郑和病逝于印度古里（今卡利卡特），他最后一次下西洋的征程还没有结束，就永远地落幕了。明朝官方贸易团的朝贡任务，也就走到了终点。虽然后来的明朝统治者，以一句简单的"劳民伤财"定论了这场声势浩大的航海运动，却终究无法抹去它在中国古代社会学和经济学上的积极意义。

从最重要的一点来说，正是郑和七下西洋的贸易之旅，才从海外开始赚回大量的金银（到后来从美洲开采的大量白银被运送到中国换取茶叶和瓷器，据估算从15—16世纪进入中国的白银多达二三亿两），从而解决了中国自唐宋以来的贵金属紧缺的局面，从此白银才取代了劣金属和纸币成为中国的主要货币，对社会稳定做出了不可磨灭的贡献。

郑和说："欲国家富强，不可置海洋于不顾。财富取之于海，危险亦来自海上。"这是一代中国古代航海家面对海洋贸易的前瞻性眼光。走过15世纪，当东方的耀眼智慧照亮星辰大海，折射远方那充满希望的地平线时，却有一批又一批来自西方的探险家，还在漫漫的苦旅途中。

强盗们带着地图和枪找来了

郑和的远洋探索，在大明王朝的后期，没有得到足够的重视和认可，但是世界上却有其他一些国家，从中嗅到了机会：原来在遥远的东方，遍地是财宝，茶叶和香料俯拾皆是，普通人也能穿得起丝绸，用昂贵的瓷器吃饭或者喝茶。于是，他们一边羡慕，一边开始了对国际新航路的探索。其中，位处西欧

郑和宝船上的各种物资一应俱全

早期欧洲人所绘的中国地图

的小国葡萄牙的积极性,又比其他国家更大,所以在公元15世纪至17世纪的地理大发现的浪潮中,首先出现的就是葡萄牙人的身影。

葡萄牙这个国家,在15世纪时,在欧洲并没有什么优势。

因为它是一个纯粹的农业国家，国土面积只有9万多平方公里，人口也非常少，只有区区150万人。而同期的中国至少有8000多万人口（明宣宗时期，公元1425—1435年），到明朝中期的万历年间，人口数更是达到了1.9亿的巅峰。

此外，葡萄牙在欧洲大陆的地理位置比较边缘，导致它和欧洲历史上的传统强国的关系都比较淡漠。但是葡萄牙有理想的海岸线条件，长度达到了1700公里，这给它提供了非常便利的海上交通环境。所以，葡萄牙人早就想得到亚洲和欧洲之间的海路贸易权，用来贩运当时极其赚钱的香料、丝绸、茶叶和瓷器这几类大宗商品。这比多少年辛辛苦苦地从土里刨食，强太多了。

为了开拓航路，葡萄牙人做了多方面的努力：先是在15世纪初诞生了现代地图学，使得它在天文航海（根据天文学确定大西洋上船的方位）上的能力快速提高。当时国王的第三个儿子亨利王子，本身就是航海地图制作高手，有"航海家亨利"之称。在他的创导和组织下，葡萄牙开始建立航海学校，网罗航海人才，强调航海实践，提高造船技术，改进航海仪器。总之是做好了一切物质和思想上的准备。到15世纪中叶，葡萄牙已经能够建造长30米、宽8米、吃水3米的快帆船，可以切风（逆风）行驶，在造船技术方面处于世界领先地位。

葡萄牙历史上最受瞩目的一支船队是怎么开出来的呢？公元1497年7月8日，时年37岁、出身航海世家的葡萄牙人达·伽马，在葡萄牙国王曼努埃尔一世的支持下，带着他的船队从里斯本出发，经过加那利群岛，绕过好望角，经过莫桑比克等

达·伽马

地,于公元1498年5月20日,到达了印度西南部的卡利卡特。这是半个多世纪以前,中国航海家郑和曾经多次往返和停泊贸易的地方。

达·伽马的船队和郑和船队的规模完全不能比,他只有4艘小型船,共计170多名水手,没有专门的伙食和后勤供应人员,也没有医生,甚至没有翻译。他们在船上吃的非常差,因为出发前准备的食物主要是烘干的饼干(面包)和咸肉,其中面包干的硬度可以砸死敌人,咸肉也要用锯子才能把它切开。至于蔬菜、水果、豆类这些提供维生素的食物,除了豆类可以保存得久一些,水果和蔬菜都因为没有冷藏技术,必须在出海后短短几天内就吃掉。还有非常麻烦的一点,是储存淡水的桶在出海不久后就会长出青苔,污染饮用水,所以欧洲船员们赖以维持生命的水源,大都是朗姆酒。为了避免饮用不洁净的水而染病无法治疗,他们只能以酒解渴。

刚开始向亚洲远洋航行时,欧洲船员的病死率非常高,有一种说法是七十五个人随船出海,只剩一个能活着回来。因为生活条件太过艰苦,他们中有许多人死于因缺乏维生素而导致的败血症，有的人得不到救治，被直接扔进了茫茫的大洋。所以探索之旅也是充满了死亡的危险之旅，生活安定的中产阶级和小市民们是不会去的，加入者都是以生命的代价来博一把运气的、没有土地和财产的穷苦人、乞丐、犯人等社会边缘人。可以说，能够支撑他们在艰苦环境中生活下去的最大信念，就是得到东方的财富，从而衣锦还乡。

欧洲船队满心想的都是怎么赚钱。达·伽马的船队第一次来东方做生意，并不知道当地人喜欢什么，他们用自己国家的纺织品、锡、锁等物资交换印度的胡椒、丁香、肉桂、宝石等特产，显而易见，这并不讨好，他们带来的东西在当地被贱卖了。不过没关系，最后只用了两艘船带回国的那些香料和宝石，回到里斯本销售完后，所得盈利不仅填平了两年的总航海费用，还有大量的剩余。欧洲人激动起来了，他们发自内心地觉得，无论是凭地利而坐收过路费的奥斯曼帝国，还是凭巧舌如簧来垄断地中海贸易的威尼斯商人，这下都可以彻底摆脱了。他们自己有船，有船队和航海图，不再需要中间商，自己就可以赚大钱。

为了这个目标，葡萄牙人对外不再保持礼貌，而是以武力的方式开始在东方掠夺，目的是建立葡萄牙在印度洋上的海上霸权地位。达·伽马第二次前往印度时，带去了总共多达23艘战船的船队，他们在海上攻击阿拉伯人的商船，在陆地上抢夺印度洋海域的各主要港口。一年后，船队满载着从印度西南海岸掠夺来的大量价值昂贵的东方商品，回到了里斯本。据说，达·伽马这次航行所得的纯利，竟然超过第二次航行总费用的

60倍。他本人也因为出色地完成了这次远航任务，受到了葡萄牙国王的嘉奖：公元1519年，他受封为伯爵；公元1524年，他被任命为印度副王，同年4月，他以葡属印度总督的身份第三次前往印度。

有什么能比当强盗更赚钱？答案是没有。葡萄牙人尝到了甜头，就停不下来了。虽然达·伽马在不久后就去世了，但并不影响在这之后近百年的时间里，各路葡萄牙殖民者以探险、屠杀、抢掠、诱骗的方式在国际上横行，葡萄牙横跨半个地球的东方殖民帝国建立了起来。

他们的触手终于伸到了中国。公元1511年，葡萄牙船队正式到达并占领爪哇和马六甲地区，和当时在南洋一带的中国商人进行贸易。公元1517年，葡萄牙船队继续东进到达广东，北上厦门、宁波等港口做交易。他们的心里，这时浮现的是马可·波罗在游记里描述的那个无比富裕的中国，想的是复制自己在印度洋和南洋的殖民经验，但终因中国太大、国力相差悬殊，他们几次用武力试探中国军队，都以失败而告终。

一定要在中国拥有贸易据点，一定要让在中国的生意，成为最大、最赚钱的一盘棋！葡萄牙人考虑良久，改变了自己的态度，变得谦恭起来。他们贿赂明朝官员，以向明朝政府上交地租、税金的形式，用每年500两银子的价格"租借"走了澳门。这样一来，澳门至日本长崎、澳门至马尼拉、澳门至香料群岛的航线，被整合起来，成为葡萄牙海上商业帝国的重要组成部分。澳门—马六甲—果阿—里斯本全长19000多公里，可绕地球半圈的航线则成为葡萄牙的经济大动脉。每年有无数极具诱惑力的中国商品销往欧洲，引发了当时经济正在崛起的欧洲国家的空前热情。

由于中国从明朝中期开始，成为确立"银本位"制度的国家，社会流通领域开始以白银作为货币计价，可是明朝政府长期以来，总是处于一种白银匮乏的状态。想跟中国做生意的欧洲人很快就发现了这一点。而且那时候的中国，因为文化习惯和社会发展水平上的差异，对西方提供的

从公元1557—1644年，世界上大部分的白银都流向中国，图为沉没商船中捞出的银锭

商品并不怎么感兴趣。所以，欧洲人要想买入在欧洲销售能赚大钱的中国商品，就必须要有大量的白银。于是，他们把从美洲殖民地开采出来的白银，陆续都拿到了中国。

从16世纪中期开始，葡萄牙船队不断地把中国的生丝、茶叶、瓷器等货物经澳门运往印度，再转运到欧洲，获取了大量白银。然后，又插手到中国和日本的丝银贸易中，继续获得白银。于是从公元1557—1644年的时间里，经葡萄牙人之手流入澳门的白银为1亿两左右，而这些白银大部分都流入中国各地。

这时候，西班牙人的船队也来了，他们与葡萄牙的疆界相邻，不甘心远东航路的巨大利润只落入葡萄牙之手。由于在公元1492年时，哥伦布不经意地"发现"了美洲，从此西班牙凭

西班牙人以武装商船经营横跨太平洋的贸易，运载大量中国茶叶、丝绸、棉布和瓷器

借殖民美洲所获得的巨额财富，很快成为欧洲的强国。到16世纪下半叶，西班牙人以武装商船"马尼拉大帆船"经营横跨太平洋的贸易，运载大量中国茶叶、丝绸、棉布和瓷器等到墨西哥交换白银，再将这些白银运回马尼拉。根据估算，自公元1571年马尼拉大帆船航线开通开始，平均每年有150吨白银被运到马尼拉，二十年间，总共运输的白银超过3000吨，这些白银也基本流入了中国。

再之后，荷兰也来了。当西班牙和葡萄牙相继开启了航海运动后，荷兰人抓住了机会，做起了中间商。他们将西班牙和葡萄牙从海外带来的商品中转到北海和中欧，又将北海地区的特产和工业品输送到西、葡两国。公元1602年，荷兰东印度公司成立，这是世界上第一家股份有限公司。荷兰正是凭借它的东印度公司的力量，逐渐取代了葡萄牙在东方的商业垄断地位。

如何赶走竞争对手？在欧洲属于人口小国的葡萄牙，靠军队打仗胜算不大，最好的办法就是拉外援。于是，公元1662年时，来自葡萄牙布拉干萨王室的凯瑟琳公主，带着八十万英镑和葡萄牙在印度的殖民地作为嫁妆，嫁入了英格兰王室，成为当时的英格兰王后（苏格兰与英格兰直到公元1707年才合并为一个国家，成为大不列颠王国）。她的丈夫，是当时的英国国王查理二世。这是一场很明显的政治婚姻。它产生的原因是到17世纪后半期时，英国已经通过资产阶级革命确立了君主立宪制的资本主义制度，成为欧洲数一数二的强国，当时在欧洲范围内只有法国能和它抗衡。

深怀目的的暴发户和更有野心的旧贵族走到了一起，但是这段婚姻本身是不幸福的。查理二世信奉的是新教，凯瑟琳公主是虔诚的天主教徒，他们的宗教信仰不同，成长背景不同，本来就存在隔阂；再加上查理二世是个极其花心的人，他先后有过17个情人，还有14个私生子，这让性格内向、传统的凯瑟琳公主深感痛苦。她转而寻求在优雅的生活方式上，找到自己内心的快乐和平衡点。

她有一个在当时几乎没人拥有的爱好，那就是喝红茶。据说，凯瑟琳公主出嫁时，她在风尘仆仆地抵达伦敦的那天，立

葡萄牙凯瑟琳公主和她的丈夫英王查理二世

刻就吩咐左右送上一杯红茶,来安抚周身的疲惫,可是,因为当时的英国人基本不喝茶,因此她只得到了一杯啤酒。于是,她就拿出了自己嫁妆里的中国红茶和茶叶罐,慢慢地品饮了起来。

我们已无法想象,当年风华正茂的凯瑟琳公主,拖着长长的裙裾,走过幽冷陌生的宫闱的情景,但我们知道她手捧的那杯饮料,在后来的几百年间,掀起了怎样的巨大风暴。那是一个危机与挑战并存的时代。

当中国风刚好遇到巴洛克和洛可可

当欧洲人随着地理大发现的浪潮,在东方找到了生财之道时,一切在欧洲人眼里具有东方风味的事物,也就搭上了航船,去往各个正在发展中的欧洲城市。

而16—18世纪,是欧洲快速区别于以往世纪的关键时期。比如说,随着中世纪的结束、商业的复兴,原本较散漫的、临时性的集市向长期的、固定的、综合化的交易所转变,而且可供交易的物品,比以往丰富了好几倍。仅仅在欧洲的尼德兰地区(包括今天的荷兰和比利时),它的集市上除了传统的呢绒和布匹外,还有羊毛、染料、粉笔、香料、药品、香水、香精、油脂、蜡、金属和酒等等,种类空前丰富。

新航路开辟后引起了商业革命,商业中心由原来的地中海沿岸转移到大西洋沿岸,英国、法国、德国等国家处于有利的位置,使得其贸易发达、工场手工业兴起,许多农业劳动力也被吸引到城市当中,一边制造消费品,一边又成为消费者。由于技术的进步,欧洲的粮食价格比以往都便宜,而工人薪资也是稳中有涨,普通小市民越来越多,人口快速增加。这时候的

法国画家佛朗索瓦·布歇创作了一系列以中国风为主题的画作,图为《梳妆室》

欧洲,成为世界上最有活力的市场。

17—18世纪的欧洲,充满了消费热情,最明显的表现,就是持久狂热地对"中国风"的追求。这种"中国风"体现在瓷器、家具、服装、建筑等各方面,它并不是完全中国化的,而是具有"中国化的元素"的事物。比如在法国,织工们习惯在织物中模仿中国图案,他们精确地模仿出了吐火的龙、欢快的狮子和凤凰，虽然和中国本土的图案有出入，也不严格遵循中国图案中的社会等级制度，但毫不妨碍它在欧洲人眼里的魅力。欧洲人后来也能够生产丝绸了，但人们还是更偏爱价格昂贵的中国丝绸，生产者为了满足消费者的这种爱好，不但大量使用龙、凤、花、鸟等中国图案，还要特别在产品上注明是"中国制造"，导致后来出现了层出不穷的仿冒品。

至今在德国波茨坦的皇家园林无忧宫里，还有着由普鲁士国王弗里德里希二世修建的一间"中国茶室"，据说是国王当年用于自己品茶以及招待身边亲信的王公大臣们，举行茶会的地方。这是一座中西合璧的圆亭式建筑，其实在中国人看来跟中国的关系不大——它的屋顶形态有点像北京的天坛，可是它的门窗廊柱，全部是欧洲式样，而且金光闪闪。在茶室大门前的圆柱旁，雕塑着一些体型同真人大小、身着中国服饰的人像，可仔细一看，却都高鼻深目，是欧洲人的脸。他们的姿态，是在悠闲地品茶。在这间茶室里面，有许多中国的瓷器，配上彩色壁画、金色家具和宽大的玻璃窗，整体流露出来的，是中西混搭得厉害的一种风格。

看过电影《茜茜公主》的读者，一定对电影中美轮美奂的皇宫记忆深刻。她的故事，就发生在奥地利维也纳西南部的美泉宫里。这座宫殿，由当年哈布斯堡王朝唯一的女性统治者、奥地利女王玛丽亚·特蕾西亚亲自监造，宫中还有她特地布置的中国瓷器厅、中国蓝色沙龙和中国漆器厅。瓷器厅里收藏有大量的中国瓷器，包括中国龙泉窑的青瓷、明朝万历年间的彩瓷大盘和措花花瓶等。在女王的卧室床边，竖立着写有"花开富贵"四个汉字的中国屏风,看得出她受中国风的影响非常深,而且对中国传统文化还有一定的了解。

晚年时,女王因为喜爱中国文化,曾经购买了价值连城的中国宣纸存放起来。后来弗兰茨二世皇帝继位,他大胆利用这些中国宣纸来裱糊装潢墙面。在用黄色做底色的纸张上,加以花卉图案,蓝色的背景下,交替排列着椭圆形和菱形的圈,都是用昂贵的石青色颜料绘制的,表现的是中国的四大主题:丝绸织造、蚕茧养殖、水稻生产和茶叶种植。这些东方的图案,为这座西方宫殿平添了几分淡泊与高雅。

其实,美泉宫的灵感来源是法国的凡尔赛宫。这是在欧洲历史上赫赫有名的太阳王路易十四的手笔。公元1661年,他不顾朝中大臣们的反对,决意在距离巴黎约18公里的凡尔赛镇,扩建父王路易十三的狩猎行宫,于是乎,凡尔赛宫就从一栋两层楼的简朴砖房起步,用了四十多年的时间,被扩建成为欧洲最大、最雄伟、最豪华的宫殿建筑。

凡尔赛宫花园里的大特里亚农宫,是

法国历史上大名鼎鼎的君王路易十四

大特里亚农宫，也称"瓷宫"，是路易十四为情妇蒙特斯潘夫人所建

路易十四为他曾经盛宠的情妇蒙特斯潘夫人修建的，加上后来又建的克拉尼城堡（在凡尔赛宫东北克拉尼湖边），它们的拿地价花掉了40万里弗尔，装修费用更是达到了246万里弗尔之巨。怎么衡量这个数字？要知道在公元1661年时，年轻的路易十四刚刚亲政，他了解到的全国一年的财政收入才不过8500万里弗尔，而他在一个女人身上，就花掉了三十分之一的国本，可以说是倾城之宠。

由于路易十四和蒙特斯潘夫人都是"中国风"的爱好者，于是他们把大特里亚农宫变成了"瓷宫"：在这里，不仅大量地收藏了中国瓷器，还将中国瓷器的装饰元素融入宫廷建筑中。于是来访者们看到，大特里亚农宫由三座单层亭子式的建筑组成，外墙和屋顶都仿照中国青花瓷，砌以蓝白两色瓷片，宫内还安放着许多中国花瓶，以及模仿中国式样的家具。可以说，整个装修陈设奢侈至极。

可是，如此不惜工本建造的瓷宫，在建成几年后居然开裂了，不但屋顶渗水，颜色也渐渐消退。原来，"瓷宫"墙面的建材是来自法国本土制造的低温软陶，它在完全露天的自然环境中，无法抵御风霜雨雪的侵蚀，所以很快就坏了。与"瓷宫"一起崩塌的，还有蒙特斯潘夫人曾经享受的盛宠——她后来渐渐无法接受自己的老去，更无法接受国王爱上了更年轻的女人，于是就勾结女巫给国王下毒，那是一种用新生婴儿的血、野兽的血、面粉、研磨的蛋黄以及春药混合在一起的药液，据说君王喝了就会永远保持对她的爱情。可是纸终究包不住火，蒙特斯潘夫人的秘密被路易十四获知，她彻底失宠，后来在歇斯底里中度过了余生。

"中国风"在欧洲最狂热时，有许多欧洲人，甚至迷信使用中国瓷器有各种各样的功效：可以强身健体，可以验毒防毒，可以治疗牙病，可以止住鼻血……既然如此神奇，那在有条件的情况下，肯定要在家里摆上几件中国瓷器了。但是中国的器型未必符合外国人的生活习惯，那就要进行混搭——重新装饰和改造，将中西方文化完美地结合起来。

这包含有几种情况。首先，是在瓷器原本的图案上重新加彩绘。比如皮博迪埃塞克斯博物馆所藏的德化白瓷狮子雕塑的底座上，就以欧洲版画为蓝本，描绘了西方人物的狩猎场景。其次，也可能是借用欧洲玻璃器装饰的刻划工艺，在"巴达维

佛朗索瓦·布歇从未到过中国，却以画家的想象，创作了欧洲人理解的《中国花园》

亚瓷"（当时景德镇所生产的外酱釉内青花茶具，有许多从此地转运到欧洲，因此而得名）外壁的酱上釉刻划后露出胎色，呈现出对比效果。但是更多的混搭方法，是用金属附件镶嵌在瓷器上。

因为欧洲历来有对器物进行金属镶嵌的做法，但凡是欧洲人觉得珍贵难得的物品,他们都会想办法嵌上金属,比如水晶就可以加底座装饰成高足杯。这种思路的出发点是保护瓷器,所以金属附件往往会镶嵌在其口沿、底座等脆弱位置,包裹住瓷器,以起到保护作用。

在美国洛杉矶的保罗·盖蒂博物馆里,有一个镀金青铜镶嵌的瓷水壶,它的盖子边缘和壶嘴做了镶嵌处理,盖上的瓷纽也以多瓣叶状附件包裹,添加的手柄在与圆柱壶身相接处还有狮子装饰,壶嘴与壶身由金属连接。它的样子看起来混搭风格明显,但不突兀,如果不了解的人,恐怕不知道这原本是中国特色的一个僧帽壶。

这种中西结合的风潮,后来迎头碰上了17—18世纪欧洲盛行的巴洛克和洛可可艺术,变得更为玄妙多姿。具体说来,巴洛克在16世纪末诞生于意大利,17世纪盛行整个欧洲,到18世纪的早期,仍然在德国和奥地利等地有较大的影响。巴洛克这个词最早来源于葡萄牙语,原指很大而形状不匀称的蚌珠,它因为有打破中世纪宗教阴暗束缚的背景,所以风格上特别豪华和气派。洛可可是法国18世纪的艺术样式,它的法文原义是"贝壳",发端于路易十四执政时代的晚期,主要流行于路易十五执政时期,它的风格是浮华、精美、纤巧又繁琐。如果用来打比方的话,巴洛克是一顿令人瞠目的豪华大餐,而洛可可则是一块裱花的奶油蛋糕。

巴洛克和洛可可对当时欧洲人生活的影响,涵盖了雕塑、建筑、家具、绘画、音乐、文学、服装等各个领域,它们让人们的生活一扫之前中世纪的粗糙、压抑和古板,变得轻松、愉

电影《绝代艳后》中的服装与建筑,生动还原了洛可可时代的艺术氛围

快、舒适和豪华起来。人们在世俗生活中追求无拘束地享乐,社会风气也变得崇尚奢靡。

这时候但凡有点钱和地位的人,无论是贵族,还是新兴的大商人,他们都认为拥有中国瓷器越多,就证明自己的趣味和身份越上流。等他们拿到手,往往会结合当时的流行元素,改造原有的中国瓷器,改变它的功能,以符合本国的使用习惯。

像我们之前提到过的"丰山瓶",原本是元朝的观赏器玉壶春瓶,最初的拥有者是14世纪匈牙利的路易斯国王,后来他在瓶身刻上家族纹章和铭文后,又转送给了拿波里国王查尔斯三世。再后来,这个瓶子到了法国贵族盖尼亚手里,就被镶嵌成了带盖执壶,其金属配件上也有纹章与法语铭文,记录了当

美国保罗·盖蒂博物馆收藏的由两个青瓷碗扣合而成的青瓷香薰

时的社会背景。

保罗·盖蒂博物馆里,收藏着由两个青瓷碗扣合而成的青瓷香薰。这两只碗的内芯写有"大明宣德年制"几个字,碗底则印有"珍玉"二字。经改造后,其风格由精致工整变得浪漫活泼,透出欧洲式的小俏皮。而像这样用两只碗相扣制成香薰器的做法,正是当时一种相当典型的改造方式。

还有"玩"得更大的混搭,就是把中国瓷器和欧洲当地的陶瓷器组合,再一起被镶嵌,重新创造出别的器用。像法国装饰艺术博物馆藏的一对小烛台,主体是康熙时期景德镇蓝釉人物(中国神话中的寿星老人)塑像,是17世纪的产品;作为蜡杯的金属附件则是18世纪40年代的产品,连接处缀以金属藤蔓和万塞讷(法国法兰西岛大区马恩河谷省的一个镇)的瓷花,看起来诙谐有趣。

典型的还有另一件儿童赏花香薰(美国保罗·盖蒂博物馆藏),它是一套本来不存在的组合:它们当中的瓷娃娃、假山石和狮子是中国清代康熙朝制造,而镂空球则是乾隆时期的制品，集中装饰在香薰底部和镂空球上的陶瓷花朵由法国尚蒂伊（法国瓦兹省的一个市镇，以尚蒂伊城堡而闻名）工厂制作。不同时期和地域的部件巧妙地组合在一起，设计独特，富有浓厚的生活情趣。

从17世纪末期开始，在欧洲流行的中国风，渐渐从生活装饰、陈设用具等外在方面，向内在的生活方式转变，其中最有代表性的，就是形成了关于茶的品饮之道和礼仪。中国茶叶掀起了旷日持久的贸易高潮，也让瓷器的形象更加亲切、日常化。

浮华年代，欧洲下午茶和它的伴侣们

很多年前，我曾陶醉在欧洲文学的海洋中无法自拔。那里有我不熟悉的人情世故，有我少年时代没见过的庄园与城堡，有衣香鬓影中的丽人在草地上拖着大大的裙摆走过。她们华贵雍容，她们风情万千，在蕾丝阳伞的映衬下轻轻地交头接耳。

这些看起来极美好的女子，常常围绕在茶桌边，吐露一系列妙语连珠的对话：

"我们活着是为了什么？不就是给邻居当笑柄，再反过来笑他们吗？"

"你既然得和这个人过一辈子，对他的缺点知道得越少越好。"

还有许多诸如此类的谈话，都发生在下午，在丽人们的"饮茶之前"或"饮茶之后"。这，就是著名的英国女作家简·奥斯汀的小说场景，也是当年的欧洲淑女们的生活日常。在英国维多利亚女王执政的时期，这股下午茶的风气尤烈。富贵人家要举办一场下午茶会，那需要在花园里搭帐篷，请乐队，做

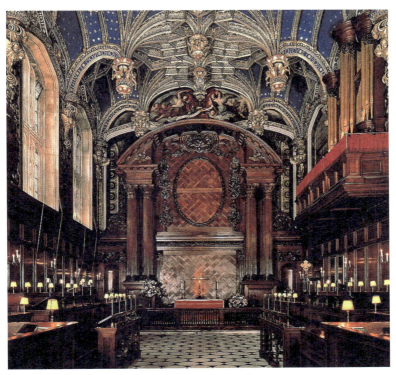

汉普顿宫皇家礼拜堂

点心,去定制糕饼,煞费苦心,等同于一场大型的私家宴会。

我们已经知道,英国社会对喝茶的初始认知,来自从葡萄牙嫁到英国的凯瑟琳公主。当时她以巨额嫁妆为联姻的代价,让英国人感慨不已。上流社会的人们为了与国王和新王后拉近关系,他们就注意观察王后身上的一切——穿着打扮、谈吐举止、家具摆设,凡是跟凯瑟琳王后有关的,都会成为谈资。她的日常生活,更是备受关注,尤其初来乍到就开始要茶喝这件事,让人们既惊讶又羡慕。于是,"她的日常饮茶活动引来许多人效仿，贵妇们纷纷模仿其饮茶习惯，以便融入王后的社交圈。"《布拉干萨王朝公主凯瑟琳：查理二世的王后》一书的作者莎拉·贝丝·沃特金斯女士如是说。

在17世纪的英国，茶叶虽然已经于公元1650年前后被引进，但它在人们生活中的比重很小。因为当时的茶叶价格贵得惊人，它的每磅售价达到6~10英镑（17世纪的英镑不是纸币，这个价格换算成今天的人民币为1.5万~2.5万元）；而劳动阶层的收入，在当时工资普涨的情况下仍然难以消费它（一磅茶叶要花掉富人家里一个仆人的两年工资，一个产业工人的一年工资），只有贵族和暴富起来的大商人，才能享用它。

因为昂贵和稀少，茶叶更多的时候只是作为一种药品在市场流通。当时的英国人认为，来自中国的红茶，有帮助人们振奋精神、理气健脾的药效；喝茶还有助于净化血液、治疗多梦、缓解抑郁症，还能预防水肿、治愈皮肤擦伤、祛除头部湿气、增强记忆力等，几乎包治百病——当时的医生和神职人员就是这么说的。像查理二世和凯瑟琳的专职牧师奥文顿就曾形容说"一日无茶则滞，三日无茶则病"。还有一位医生在一本叫《医药观察》的小册子里这样写道："没有一种植物可以和茶相媲美。人们之所以饮茶完全是出于一个原因——远离疾病侵害，延年益寿。"

当时欧洲的医疗水平仍然低下，即使国王得了病也没有灵丹妙药。查理二世就有一次不幸轻微中风，他召来十二名太医进宫，结果肩膀处被足足放了1000毫升的血（欧洲人当时深信"放血疗法"）；然后，太医们又给国王喂了催吐药，让他吐得一塌糊涂；最后又用各种植物熬药水，每隔两小时就给国王灌肠一次……这样折腾了五天后，国王差点由轻微中风变成了偏瘫。国王尚且如此，普通人就更遭罪了，万一得了不好治的病，那就只能听天由命了。正因此，17世纪60年代时的英国茶叶广告，为了引发大多数人的兴趣，商家们郑重写道："一种质量上等的被所有医生认可的中国饮品。"从此，茶叶治病这个观念深入人心。

然而一个世纪后，饮茶逐渐在英国城乡的各个阶层中普及，每磅茶叶的价格最低低至0.5英镑。茶叶成为英国人不可缺少的日常消费品。所以，生于公元1775年、人生的大多数时光都在乡村度过的简·奥斯汀，才会在写给姐姐卡桑德拉的一

英国电影《傲慢与偏见》中的下午茶会

封信中,热切地说道:"当你有新茶的时候,别忘了告诉我,我仍然非常想品尝新茶,犹如猫看到老鼠一样。"在她最著名的作品《傲慢与偏见》中,经常是主角们在用完餐后,就要进行一场中国茶会,这说明茶叶已经风靡了英国社会。后来的英国人这样形容喝茶的美好感觉:"茶壶送进书房来时,房间里立即弥漫着沁入心脾的芳香。一杯茶落肚后,整个身心得到了极好的慰藉。绵绵细雨中散步归来,一杯热茶所提供的温馨美妙得难以形容。"(乔治·吉辛《亨利莱克洛夫特的一生》)

仅仅40年后,茶叶已经成为英国人离不开的饮料,每年消费达到了1200万磅。到整个18世纪结束,西欧国家从中国输入的茶叶数量翻了几倍,价值达到了1.8亿两白银,其中英国人的消费占了一半以上(1772—1780年间,英国及其属地每年最少消耗茶叶1333.8万磅;1791—1793年间,英国人均每年消费茶叶1.66磅)。后来,在一位贵妇人(第七世贝德福德公爵夫人安娜·玛利亚·罗素)无意间的推动下,英国全社会都兴起了喝下午茶的潮流。

18世纪末期,随着英国工业革命初获成功,英国的国力空前增强。在这种背景下,一场正经的英国上流社会下午茶,可以说仪式感十足。在时间上,一定是下午四点左右;在招待上,一定得由女主人亲自主持和为客人服务,以示尊重;在茶点上,一定要准备比参加人数多一人的份数(三人下午茶就准备四人份茶点,四个人茶会就准备五人份的茶点);在来宾衣着上,男士须着燕尾服,女士穿缀有蕾丝花边的长裙;而在茶具方面,那更是要准备整整一套的精美工具:细瓷杯碟或银质

经典的英式下午茶

茶具,茶壶、过滤网、茶盘、茶匙、茶刀,以及三层点心架、饼干夹、糖罐、奶盅瓶、水果盘、切柠檬器。一切都赏心悦目,令人赞叹。

因为这样的细致程度,所以一场正式的下午茶会须提前一个月开始准备,给来宾的邀请函需要提前写好并加盖家族徽章后方能寄出,受邀的宾客则需要在收函40小时内,给主人答复能否到场。这样提前邀请对双方来说,都是给予了充分的时间让人安排和准备。

如此精致用心的下午茶,自然需要同样精致的伴侣——茶具。对刚开始崛起的英国来说,那时最好的茶具是瓷器制品,而最高级的瓷器来自中国。17世纪初期,虽然中国瓷器已被英国人所知晓,但因它数量稀少、价格昂贵,所以对普通民众来说只是可望而不可即的稀罕物。在大文豪莎士比亚创作的戏剧《一报还一报》（公元1603年创作，1604年在伦敦公演）中，有过这样一个情节，剧中人物庞贝在谈起果盘时说道："一个三便士左右的盘子，先生您看过这种盘子，虽然它们不是中国盘子，但也算是上好的盘子了。"这表明在莎士比亚生活的那个时代，中国来的瓷器是最贵的。

至17世纪末，情况发生了很大改变。因为，当时的英国统治者——在光荣革命（公元1688年，由英国资产阶级和新贵族发动的推翻英王詹姆士二世的统治、防止天主教复辟的非暴力政变）后，由荷兰入主英国的女王玛丽二世——年轻而且美丽，对一切奢华的物质都有浓厚兴趣，尤其热衷于收藏中国瓷器。而她同时也是荷兰王后，在继位后不久，就派人把她的青花瓷器从荷兰带到英国，同时命人定制多个玻璃橱用来陈列，并将她认为珍贵的中国瓷器摆放在镜子上方。到公元1694年，

汉普顿宫皇家寝室，曾收藏有玛丽二世女王的瓷器

年仅32岁的她去世之时，其藏瓷的数量已达800余件。

在女王去世的前一年，英国作家约翰·艾福林还受邀参观了她在汉普顿宫的瓷器藏品，并对其大发感慨："我看到了女王的奇珍橱柜和瓷器收藏，真是美妙绝伦，种类丰富，数目可观……估计值4000英镑。"直至今天，在伦敦肯辛顿宫二层的玛丽二世与其丈夫威廉三世的卧室、客厅等展厅内，仍然保持着每个房间均有中国瓷器作摆设的习惯，让来客感慨似水流年。

女王的偏爱，使中国瓷器迎来了它在英国社会的爆发性流行，这风潮愈演愈烈，最终引发了18世纪英国社会的瓷器热（china mania）。据当时的文献记载，1669年进口至英国的瓷器仅值10英镑，到1693年就增长至2675英镑。短短25年之间，中国瓷器的进口量增长了将近270倍，而后从1684年至1791年这一百多年的数据来看，英国的东印度公司已将2.15亿件中国瓷器进口到了英国。

瓷器热同样也传到了法国。18世纪还处于波旁王朝统治下的这个国家，在其主政者的带领下，到处是纸醉金迷的氛围。骄奢淫逸的路易十五、庸碌无为的路易十六，在他们身边的女人们的推动下，皆与瓷器结缘。路易十五的"首席情妇"蓬巴

蓬巴杜夫人

杜夫人，除了将鬓发烫成小卷，用玫瑰粉染红双颊，用最华丽的丝绸包装自己外，还有一个喝饮料的小套路：她和皇帝见面，要用鎏金的中国青花瓷杯小口啜饮巧克力，举手投足之间，尽展风情。因为对瓷器可以"验毒"的传言深信不疑，所以凡尔赛宫里的国王专用餐具，全都是瓷制，连一只锅也要从中国烧制进口。疯狂的路易十五，为了让宫廷全方位地使用陶瓷，还曾强制下令把宫廷、贵族家中所用的金银器全部熔化另作它用。

路易十六王后玛丽·安托万内特

波旁王朝的路易十六王后玛丽·安托万内特，是法国历史上著名的"绝代艳后"，她的母亲正是维也纳美泉宫的主人、奥地利女王玛丽亚·特蕾西亚。为了奥地利和法国的政治利益，从瓷器厅走出来的公主玛丽，嫁给了跟她没有感情的法国王子路易。她一生全凭喜好挥霍，拥有的珠宝、化妆品、高级定制的服装……数都数不过来。在嫁给路易十六的十二年里，她让法国的国家负债高达十二亿五千万法郎。结果在公元1789年，法国大革命爆发，路易十六夫妇被国民议会以叛国罪定论，在公元1793年被处死。玛丽被处死的时候，年仅38岁。

国王的支持者和波旁王朝逃亡的贵族们，为了秘密纪念路易十六夫妇和他们的两个孩子，专门到中国定制了一批瓷器，有大瓷盘、带盖的瓷瓶等，瓷器上的画面让人印象深刻：那是一个墓地，墓地上长着两棵像人物头像的垂柳，大的一棵直接从墓地里长出，是路易十六的剪影，小的一棵是王后玛丽·安托万内特，树下还有一位贵妇人，神情悲伤肃穆，好像在深刻地缅怀亲人。

　　浮华狂热的年代里，瓷器的轨迹与人的命运紧紧联结：有财富的呼唤，有心灵的觉醒，有情欲的沉沦，也有生活的幻灭……几乎没有什么个体能躲得过被大时代的车轮碾压的命运。这似乎是无情，却又是历史的必然。几百年后，当我们在幽暗的时光里驻足，追问往事，往事也一定会在时光的背后，燃起熊熊的窑火。

欧洲的御瓷厂

窑火,是从哪里开始烧起来的呢?还是要回到那个狂追"中国风"的年代。

"哒哒、哒哒"……当马车踏入城门,车轮缓缓驶过被磨得光滑的青石路面时,伫立在街道两旁的巴洛克式建筑便集体探出头来:宫廷主教座堂、圣母大教堂、茨温格宫,还有易北河上的大桥、歌剧院里传出的巴赫的《勃兰登堡协奏曲》……它们共同组成了这座有着"易北河上的佛罗伦萨"之称的城市的万千风貌。这座城市,在18—19世纪它最炽烈的岁月里,曾成为萨克森选帝侯们彰显其名望、身价、品位和灵感的所在地,更成为一段御瓷故事的发祥地。是的,

萨克森选帝侯、波兰国王奥古斯都二世

它就是德累斯顿，德国萨克森州首府和第一大城市，也是德国东部仅次于首都柏林的第二大城市。

我们今天故事里的主人公，名叫腓特烈·奥古斯都，史称奥古斯都二世。他是波兰国王，也是神圣罗马帝国的萨克森选帝侯（选帝侯是德国历史上的一种特殊现象，被用于指代那些拥有选举罗马国王和神圣罗马帝国皇帝权利的诸侯）。此外，他还是一个自带话题感的人物：由于奥古斯都二世身材魁梧、力大无穷，曾经在西班牙斗牛时刺死了最凶猛的公牛，被民间赞为"强力王"。而他最为人津津乐道的话题，还是终其一生、不停不歇地对东方（以中国为主）瓷器的痴迷热爱和疯狂购藏，所以，他也得一外号"瓷器王"。

奥古斯都二世的这个爱好是如何养成的呢？那要回到17世纪80年代的某一天：年仅16岁的少年腓特烈·奥古斯都和他的贵族王亲们，出访当时在欧洲如日中天的法国。他们在凡尔赛宫，觐见了大名鼎鼎的"太阳王"路易十四本人。在少年腓特烈的眼里，这位人到中年的"太阳王"身材虽然不高大，也称不上有多英

奥古斯都二世旧藏康熙青花大罐，又称"龙骑兵罐"

俊，可他的气势却非同凡响。特别是当他往凡尔赛宫一坐时，整个法兰西的奢华浪漫仿佛扑面而来，让少年腓特烈艳羡不已。他注意到了法国宫廷的各个角落，充斥着当时正流行的"中国风"装饰，也参观了路易十四本人收藏的中国瓷器，这让他心中掀起了狂涛巨澜：原来世界上有如此令人陶醉的器物！自这次法国之行后，腓特烈便将路易十四视为终身的偶像，他立志要做一个在瓷器事业上有作为的人！

公元1694年，年轻的腓特烈·奥古斯都继任萨克森国王，成为奥古斯都二世。为了有足够多的钱，像法国国王那样买瓷器，他一上任就推行了向平民征收高额消费税的新政。他对自己宫中旧藏的由意大利美第奇家族馈赠的14件明代瓷器感到很不满，因为它们以青花和素三彩为主，器型纹样则多为明末以来常见的外销青花碗之类，没有特别珍稀的地方。于是他自己购买中国瓷器，包括清康熙年间产自景德镇的盖罐、瓷盘、花瓶之类，只要他想到中国瓷器，就会派人前往当时荷兰阿姆斯特丹的港口，挑选最精美和最昂贵的成批、成套的瓷器。可即使是这样，还是不能满足他的野心和好胜心，于是，他就想要自己造瓷器。

这个想法未免太疯狂了！要知道在18世纪初，虽然整个欧洲都在尝试仿制中国瓷器，包括意大利、法国、英国、荷兰、奥地利、瑞典、西班牙、瑞士等，但没有人成功过。唯一看起来相像的是荷兰小镇代尔夫特窑厂按照流行风格大量仿造的山寨版"青花瓷"代尔夫特蓝陶。它的价格便宜，质量也完全不一样——一开始，不管工匠们怎样使用与中国相同的颜料和白釉（专门进口了中国白色釉料和青花颜料），但始终美观度不同。为了以假乱真，代尔夫特窑厂采用了一种以铅和锡为助溶剂的釉料，然后再掺入一定量的盐和沙子，尽可能地使釉面呈现出中国瓷器表面的那种玻璃质感。但这还是解决不了胎体的问题：荷兰本地的瓷土质量不好，烧出来的颜色不均匀，不好看，工匠们于是想了很多办法，最后在白色陶土外面下功夫，才仿制成了景德镇青花瓷器上的白釉蓝花图案，不过它的胎体仍然是脆弱的，达不到瓷器的硬度标准，据说脆弱到连老鼠都能咬破。

这当然不是"强力王"的追求。疯狂的奥古斯都二世为了烧制出自己的中国瓷器，就在公元1705年，秘密将年轻的炼金师贝特格绑架，囚禁在自己的地牢里。他要求这位只有19岁的炼金师，必须找出烧制瓷器的方法。说到这里，大家可能会好奇一个问题，为什么欧洲人要让炼金师来造瓷器？那是因为在当时的欧洲，为了让自己坐拥更多的财富，享受奢华生活，许多欧洲国王都沉迷于炼金术的研究。而瓷器与金子同样价值昂贵，有着"白色黄金"之称，他们就想当然地把这件事也交给了炼金师来办。虽然国王们都愿意提供高额的研发经费，但是失败的炼金师只有死路一条。所以贝特格的命运，完全由瓷器决定。

就这样，不知道经过了多少个提心吊胆的日夜，到了公元1708年的1月15日，已经疲惫不堪，仿佛比自己实际年龄老了十多岁的贝特格，终于和数学家契恩豪斯一起，研制成欧洲真正意义上的第一件瓷器——一个"半透明、奶白色的"罐子，

契恩豪斯（1651—1708）

它是一个白色的茶壶。这是以中国德化白瓷为蓝本，烧制成的真正意义上的硬质白瓷器。几个月后，契恩豪斯去世了。贝特格在契恩豪斯数据的基础上，最终完善了制造瓷器的工序。他以为自己将重获自由，却没想到奥古斯都二世为防配方泄露，压根就不愿意释放他，直到公元1714年，这位备受折磨的炼金师才走出了牢房。可是他的心理已经出现了严重的问题，有时郁郁寡欢，有时又喜怒无常。此外，他还患有因吸入大量粉尘而导致的矽肺病。

　　国王的喜悦却是难以言喻的，公元1708年4月24日，奥古斯都二世签署法令并加盖印章，敕令在德累斯顿建立了第一座瓷厂，这是西方社会出现的第一座瓷厂。两年后，他又命令在德国东部的小镇麦森，其实也就是贝特格进行试验的阿尔布莱希特城堡，正式建立了麦森瓷器厂，从此后麦森瓷器的大名就响彻了欧洲大地。为了与当时层出不穷的竞争对手拉开距离，奥古斯都二世专门让人设计，在瓷器底部，以双剑略弯交叉的蓝色图案作为徽记和商标。这是麦森瓷器的专有标识，到今天已经使用超过300年了。

　　一炮而红的麦森瓷器，最高售价达到当年中国外销瓷器的

早期的麦森瓷器厂

两倍,这使得"强力王"的国库进账不少。他把赚到的钱用来继续买收藏品,为此还专门成立了一支由学者、作家和艺术品商人组成的"采购团队",委托他们以专业眼光购买、保存及选择皇室的收藏品,其中大部分依然是瓷器。所以到公元1727年时,德累斯顿宫廷的藏瓷数量已经达到24100余件,其中中国瓷器的数量为17000件,这几乎是当时最大宗的一笔中国瓷器收藏。为了展示和贮存这些巨量的精美瓷器,奥古斯都二世在位期间,除了茨温格宫,还兴建了十余个宫殿,每个宫内都有大量的瓷器作为装饰和摆设。为了分门别类理清自己的藏品,他还专门建立了瓷器档案制度:先是在公元1709年,让贝特格编写其收藏的"白金"(即瓷器)清单;到了公元1721年,又再次下令正式编写藏品目录,到公元1727年才编定。

奥古斯都二世所收藏的中国瓷器的年代,集中在中国明代嘉靖至清代雍正时期，品类以江西景德镇、福建德化、福建漳州、广东潮州、江苏宜兴等地出产的青花、五彩、白釉、紫砂等外销陶瓷为主。就类别而言，有景德镇青花、景德镇五彩、福建德化白瓷、福建漳州窑青花、福建漳州窑五彩、广东潮州窑青花、宜兴紫砂器等等，各类釉色、品类齐全，可以说比较全面地体现了从晚明到清早期的各年代中国外销瓷的整体特点。

因为有了御瓷厂，奥古斯都二世终于可以发挥自己的再创造能力，他开始对收藏的部分中国瓷器进行修补或改制，还根据自己的喜好，特别定制瓷器。其中最常见的加工，是对进口的中国白瓷胎重新施以彩绘，画上欧洲人的故事。再就是在陶瓷器物上加金属装饰，比如把茶杯、小碟加饰金属底座改为高脚式样，一些中国的筒状器加饰金属把手，改为西方人惯用的把杯等等（我们在本章中曾经系统论述过）。最为奇特的是，由于当时在茨温格宫的院子里，到处都放着橘子树作摆设，可它们摆放的样子却不够美观。奥古斯都二世于是灵机一动，把一些原本用作鱼缸的中国青花大缸的底部钻孔，将其改造为了大型花盆。

沉迷在中国瓷器里的奥古斯都二世，给他的首相坎特·弗

早期制作的麦森瓷杯

莱明写信表明立场："我陷入了对荷兰橘子树和中国瓷器的狂热追求中，正毫无节制、不谙世事地进行购买和收藏。""我没有任何疾病，如果说有，那只有一种病，就是太爱瓷器。"

患上了"瓷器病"无法自拔的奥古斯都二世，一生做得最疯狂的一件事，是在公元1717年，将

当今的麦森瓷器

萨克森公国部队约六百名龙骑兵的一个兵团，送给了北部普鲁士公国的摄政王威尔·汉姆，目的是换取摄政王手中的151件造型独特、体形庞大的中国清康熙时期青花大罐，它们的图案是繁密的、多层次构图的中国传统荷花、蕉叶类纹饰，其中间还有一层龙纹，非常醒目。奥古斯都二世的要求让普鲁士的摄政王又惊又喜。要知道在17世纪晚期至18世纪早期的欧洲军队中，龙骑兵是非常流行也颇有战斗能力的军兵种。他们上马是骑兵，移动迅速；下马为步兵，擅长格斗，非常符合当时欧洲战争的需要，而且训练这样一支部队需要很长的时间。摄政王当然是毫不犹豫地答应了，这也就成为世界陶瓷贸易史上最奇特的一次交易。

这些青花大罐从此被称为"龙骑兵罐"，而被奥古斯都二

世用来换瓷器的龙骑兵们后来被编入普鲁士陆军，绰号就是"瓷器兵团"。这支瓷器兵团后来存在了两百多年，每次在战场亮相，他们都依旧佩戴着奥古斯都二世身为神圣罗马帝国元帅的纹章——双剑十字交叉，那也正是麦森瓷器的标记。

奥古斯都二世的御瓷厂，没有因为他的人生落幕而止步，它在18世纪30年代后，渐渐摆脱了对中国瓷器的单纯模仿，拥有了自己的风格，以多样化的设计、精巧多变的形制和完美的釉面效果畅销欧洲，成为欧洲第一名瓷。一直到今天，它还坚持着自己的高端定位，尊重传统的生产方式，保留并沿用瓷厂创立至今的所有产品的釉色、胎料的配方以及瓷塑的模具。每一件瓷器，乃至瓷器上的每一个饰物，都由拥有数十年经验的技师手工来完成。所以麦森瓷器无论大小和形状如何，都价格不菲，顾客群也依然是各地的王公显贵。

岁月流转中，传奇不变，那些在传奇中留下了痕迹的人，也静默成了故事。那么，曾经无限向往东方的欧洲人，究竟在何时懂得了中国瓷器的最高机密？他们又是从何处，启动了欧洲制瓷业的全盛期呢？

洛可可夫人与瓷器间谍

公元1699年，在中国是清康熙三十八年，论干支则为己卯，对应生肖为兔。这一年似乎风平浪静，除了皇帝两次下江南揽胜，并见到了他的乳母——江宁织造曹家的太夫人孙氏（曹雪芹曾祖母）以外，就是在台湾的郑成功之孙郑克爽上奏朝廷，乞请将祖父归葬家乡并得到了康熙的准奏和追封，台湾重新纳入清朝管辖。总之，这一年没有战争，也没有发生影响整个国家的灾患，这一年，满朝文武以及皇帝本人，都没有意识到有一个人的到来，将在几十年后影响整个中国的经济格局。因为他是那么谦恭而朴素，尽管是土生土长的法国人，却很快就学会了中国的宫廷礼仪。他在康熙面前，献上了一瓶法国葡萄酒。皇帝品尝后，感到满意，于是就给予这个人在中国的行动自由，并允许他在居住的地区从事传教活动。

没错，这是一位来自法国天主教耶稣会的传教士，他的全名叫佛朗索瓦·泽维尔·昂特雷柯莱，到中国以后起的名字叫殷弘绪。这一年，他已经35岁了，而他的君主法王路易十四已经过了60周岁的生日。路易十四把年富力强的殷弘绪派到中国,是为了心中深藏已久的欲望——要掌握中国瓷器的技术奥秘,让法国的瓷器水平赶上甚至超越中国,让欧洲人抢着买法国的瓷器,夺取这个利润极丰厚的市场!

太阳王的想法便是殷弘绪在中国的最终目的。因为在17世纪末18世纪初的欧洲,各国都在紧锣密鼓地谋划瓷器生产,而势头正盛的法国却没有能让上流社会满意的产品。要解决这个棘手的问题,只有来到中国,以宗教的外衣做掩护,实施对技术的窃取。所以殷弘绪真实的身份,是一个瓷器间谍。

殷弘绪非常刻苦,他用四年的时间学会了中文,并且像中国人一样写毛笔字。为了和中国的上层官员进行交流,他天天都在读四书五经和《资治通鉴》。而为了融入普通人的环境,除了为教徒施洗礼的日子以外,他日常大多数时候穿清朝的长

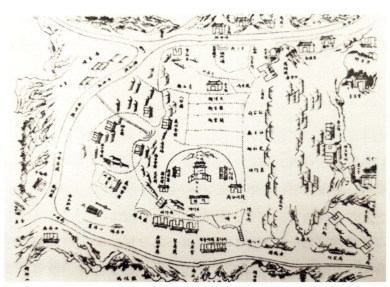

清代的景德镇地图,出自《陶录》

衫短袄，并把头发绑成中国男子的长辫，用筷子吃饭，还用中国人的手势端杯把盏，有模有样地喝起了中国茶。

身负重任的殷弘绪，从公元1705年，来到他的传教地景德镇，到公元1712年，已经潜伏了七年。他到处搜集与瓷器有关的信息，结交工匠，又攀附大臣。他以自己彬彬有礼的态度，得到了江西巡抚郎廷极的好感。郎廷极是当时督造官窑瓷器的第一把手，他掌握全套的技术机密，管理景德镇所有的陶瓷事务。在这位官员的同意下，殷弘绪才得以自由进出各个作坊，观察了解窑场的各道工序。

就在这一年的九月，殷弘绪第一次提笔给祖国写信，内容洋洋洒洒，有数万言之巨，而收信人是欧洲耶稣会的奥日神父。他在信里这样写道：

尊敬的神父：

为了了解中国工人制作瓷器的方法，我煞费苦心，但还不敢说这封信能把其中的详情完全说清楚。由于我所进行的新探索给了自己以新的知识，所以足下才能够亲自阅读我寄给您的所观察到的新内容……

在叙述关于施于瓷器上的色釉时，已经提到吹红及其施釉方法，而忘记介绍关于很容易制作成功的吹青。大概在欧洲也能看到这种瓷器。这里的陶工若不惜本钱的话，甚至会在黑地或青地瓷胎上喷吹金和银。也就是说，在这种制品的表面全面而又均匀地喷上金斑和银斑。它是一种新颖的瓷器，因而必受欢迎。〔白〕釉和红料一样，有时亦可喷吹上去。最近在制作非常薄的御用精瓷时，由于极易损坏，不能触摸，因此只能把它摆在棉花上。这种瓷坯也不可能拿在手中进行浸釉，而只能以喷吹方式全面进行施釉……

制备使瓷器呈现纯白色的釉时，往十三杯白釉中添加一杯与其浓度相等的凤尾草灰浆。这种釉很硬，不能用在青花瓷器上。因为，烧成中青色难以透过该釉层显现出来。施有这种硬釉的瓷器，完全能经受住窑内的强火，烧成后呈纯白色；有的不再被加工就保存下来；有的则被绘上金彩或其他种种颜色，再度被烧成。但是，要制作青花瓷器，使其青色在烧成后显现出来，就将由石灰和凤尾草灰配制的釉同白釉按一杯比七杯的比例加以调剂。

必须注意的是施有凤尾草含量较多的釉的瓷器。通常，它置于窑内的温度较低的部位，即前三排的后面，或者置于离窑底约有一尺至一尺半高的部位进行焙烧。如果置于窑内的高处，灰份因急剧熔融而往下流淌。这种现象在釉里红、吹红和龙泉等瓷器上同样发生，这是由于釉中含有铜矿粒的缘故。相反，仅上有碎釉的瓷器，则置于窑内的高处进行焙烧。如上所述，这种釉会产生许多纹路，其外表很像是由许多小瓷片巧妙地拼合而成……

以前介绍烧造釉上彩瓷器用的烤花窑时曾谈到满窑方式：即在窑内把小件瓷器放在大件内堆积成垛。关于这件事现作如下补充，注意勿使瓷器的彩面相互接触，否则瓷器就会污损。但是，业已上彩的杯子的底心可以支承另一杯子的底足，因为成垛的杯子的底足是不带彩的。切勿使杯子的侧面相互接触，

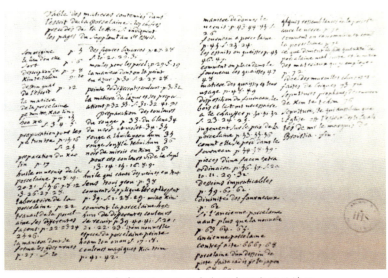

殷弘绪在寄往法国的信中介绍中国瓷器的情况

为此,陶工按下述方式垛放难以成垛的瓷器。例如,垛放适于作饮可可(饮料)用的筒杯之类的瓷器时,先把瓷器摆在窑床上,再用建窑泥土作的盖板或匣钵破片把它们覆盖。在中国这种废物得到利用。然后,在盖板上再置放一层瓷器。瓷器就是这样一层一层地被堆积到窑顶的……

总之,殷弘绪在信里详细介绍了他当时了解到的中国瓷器的制法,包括瓷器原料的组成、瓷器的成形工序、陶瓷模具、彩饰、瓷器烧制、器型、仿古瓷、残渣处理等几个部分,谈到原料的重要性时,他非常感慨地说:"制瓷原料是由叫作白不子和高岭的两种土合成的……精瓷之所以密实,完全是因为含有高岭土。高岭土可比作瓷器的神经……"

现在的景德镇古窑民俗博览区，工匠正在以传统工艺制作瓷器

殷弘绪的这封信发表在了公元1716年的法国《科学》杂志上，在当时已是非常"中国热"的欧洲又烧了一把火。许多人被他对瓷器烧成后的描述弄得神魂颠倒："一种非常美丽的蓝花在一些时间后出现在瓷器上。瓷胎看起来非常洁白，当绘上彩料时，其色调呈淡黑色，等其干燥后，再罩以釉，彩料似乎完全消失掉，埋藏在釉下面了。但是通过焙烧，彩料变成幽靓的蓝色来。这差不多像在太阳的照耀下蝴蝶变得美丽漂亮的情形一般，色彩缤纷，赏心悦目。"几年间，这位瓷器间谍往欧洲寄去不少景德镇的瓷器原料白不子与高岭土样本，法国宫廷

就此着手在本国寻找类似的原料，结果这一找就是半个世纪。直到公元1768年，一位外科医生在法国中部的小镇利摩日，偶然间发现了高岭土。这马上就引起了当地官员的注意，因为这时候，离法国不远的麦森瓷厂已经凭借真正的硬瓷生产技术，将瓷器生意经营得红红火火，拿到了大量的贵族订单。素来自诩风雅的法国人又怎能示弱？于是利摩日便以其地利之故，成了法国后来的"瓷都"。

在利摩日的高岭土被发现之前，法国贵族们早就在鲁昂（位于法国西北部、塞纳河下游，是今上诺曼底大区的首府）和圣克卢（法国巴黎的郊区之一，属于今法兰西岛大区上塞纳省的布洛涅-比扬古区圣克卢县）两地生产制作一种特殊的"软瓷"。什么是"软瓷"呢？意思就是说，虽然这种"瓷器"从外观上几乎是对中国瓷器（明清时期）的照搬，但因不含高岭土的缘故，两者之间的质地及手感存在不小的差距。

直到公元1738年，万塞讷陶瓷厂建成，一批优秀的技工也汇聚于此。工厂在公元1745年后，迎来了它的赞助人——著名的蓬巴杜侯爵夫人。她是巴黎最知名的交际花（原名让娜·安托瓦妮特·普瓦松，出身于一个普通的资产阶级家庭），极受当时的法王路易十五宠爱，并一直以正式情妇（"情妇"在凡尔赛宫是一种很正式的角色）的身份住在凡尔赛宫，引导了当时以女性为中心的艺术表现潮流，开启了"洛可可艺术"时代，因此在民间她又被称为"洛可可夫人"。她的言谈举止、仪容风度、服装妆容等，无一不深刻影响着当年的法国上流社会。

由于蓬巴杜夫人是路易十五最宠爱的情妇，万塞讷陶瓷厂也就得到了皇家的特殊照顾。万塞讷很快成长为法国顶级的瓷器中心，像中国的景德镇那样，云集全法国最优秀的工匠和画师。国王还颁布谕旨，特许它在产品上使用鎏金等专属宫廷的奢华工艺，而且他自己还带头使用万塞讷瓷器喝茶和咖啡，引得王公大臣们纷纷效仿。

画作中欧洲上流社会的享乐生活

公元1756年，万塞讷陶瓷厂搬迁至巴黎近郊的塞夫勒（在巴黎以西，临近蓬巴杜夫人的城堡），万塞讷陶瓷厂从此升级成为王家塞夫勒瓷厂（皇家瓷厂的冠名一直延续到公元1793年法国发生大革命），路易十五正式成为它的主人（国王拥有瓷厂四分之一的股份），法国也拥有了自己的御瓷厂。在国王的大力扶持下，塞夫勒瓷厂集中了法国瓷器工艺领域顶尖的人才，成功研制了镏金工艺与丰富而艳丽的釉上颜料（包括粉红、翠蓝、嫩绿、豆绿、紫色、鹅黄等），形成了自己特有的风格：开光彩绘与艳丽底色相结合的装饰形式。

由于洛可可艺术风格的影响，塞夫勒瓷器上的彩绘，多以上流社会的享乐主义生活为内容，出现了大量女性艳情主义的题材，却意外地契合当时的社会风尚，很受欢迎。于是，法国王室在各种皇家舞会

洛可可风格瓷雕

和宴会场合中，大量使用塞夫勒瓷厂生产的成套餐具以及茶具，喝茶成为上流社会的一种流行风尚，国王本人成为品牌代言人，这让附庸风雅的人们，对瓷器的需求热情空前高涨。

法国高岭土被发现的时候，蓬巴杜夫人已经去世几年了。利摩日的高岭土从公元1771年开始被运送到塞夫勒瓷厂，促使

18世纪晚期由法国塞夫勒瓷器厂制造的瓷杯与瓷碟

后者开始生产高品质的硬瓷，真正做到了不仅在设计和装饰方面达到顶级水准，而且在产品内质上，也进入欧洲领先水平。法国工匠以其在时尚方面的领悟力和创造力，终于从老对手麦森瓷器的手中夺回了欧洲瓷器界的王牌地位，利摩日也成为法国瓷器的代名词。

公元1784年，法国波旁王朝复辟前的最后一位皇帝路易十六，斥资买下了利摩日瓷器厂，它开始以"塞夫勒瓷厂分厂"的名义进行生产，直到五年后法国大革命爆发。飘摇时代中，国王和王后身死，拥有皇家背景的瓷厂纷纷受到冲击，但由民间资本投资的瓷厂却逆势而起，在由新兴资产阶级主导的社会里左右逢源。他们趁势接过了利摩日的高岭土矿藏和熟练工匠、技师这些资源，一步一步，将利摩日打造为名副其实的法国版"景德镇"。

生活依旧前行，时代滚滚奔流，当欧洲瓷厂的生意做得日趋红火、蒸蒸日上时，一直被模仿的中国瓷器和各大窑场，又处于一个什么样的境地呢？

第三章 新大陆风云

民窑的盛世

其实在中国人的概念里,无论是作为茶器的日用瓷,还是当作室内摆件的观赏瓷,人们对瓷器的印象主要来自各种影视剧里的宫廷和其他权贵阶层用瓷,也就是官窑。但真正说来,沿着茶瓷之路运往海外的中国瓷器,主要是来自民窑,也就是非官方经营的、以商品性生产为主的瓷窑,它的风格与官窑的瓷器迥异,涉及的造型和纹饰题材也更丰富自由。

民窑的历史比官窑更久远,它从唐代开始出现,在宋元时期开始大发展,到明清时期达到生产的巅峰。如果按照中国的标准地理线——长江——来划分地域,那么在北方的民

百年前的景德镇陶工(摄于1920年)

窑是磁州窑、耀州窑、钧窑、定窑这四个窑系,在南方则是饶州窑(景德镇窑)、龙泉窑、建窑和吉州窑四个窑系。因为中国的历史原因,民窑后来的大发展出现在南方,尤其是饶州窑和建窑当中的佼佼者,在中国与西方交流的进程中闪耀出极大的光芒。

景德镇至今仍是"中国瓷器"最有名的一张代表性名片。因为,从元初至元十五年(公元1278年)到清末宣统三年(公元1911年),景德镇御窑厂的官窑之火,历经三个朝代,足足"烧"了630多年。我在自己的另一本书《中国茶器——王朝瓷色一千年》中介绍过的永乐甜白瓷、宣德帝青花罐、成化斗彩鸡缸杯等御用瓷器均出自这里。

据记载,在明清时期,景德镇有大小窑场300余座,民窑发展的势头非常迅猛。这里的人口数量,根据前文所述的那位法国人殷弘绪的统计,应该超过了百万之众。他在书信中写道:"这里有一万八千户人家,可能有十万人靠瓷器维生,每天消耗一万担大

福建省明清时期的青花瓷民窑窑场分布
(笔者拍摄于北京鲁迅博物馆展厅)

米，一千多头猪。街道笔直，按一定距离纵横交错，无空地；房屋拥挤，街道狭窄，如处于闹市中心，可以听见从四面八方传来的担夫呼叫、喊'让路'的声音。在景德镇，从幼年儿童到体弱的成人都能找到活儿做，甚至盲人和残疾人也能靠研磨颜料来维持生活。"许多人身上有窑火留下的伤痕，有些人则因为毫无保护地暴露在窑场的粉尘当中而患病。街道拥挤而嘈杂，各种各样与瓷器有关的声响，似乎昼夜不停。殷弘绪的观察是正确的：早在明嘉靖十九年（公元1540年）时，景德镇上以陶为业的工匠和仆役，已经有一万余人。到了明朝万历年间（公元1573—1620年），这里陶瓷业的从业人口增加到数万人。他们中有一部分人受雇于御窑，但更多陶工还要依靠民窑的生产来糊口。

反映瓷器模具制备情况的木刻画，出自《陶录》

所以，尽管"此地无城墙，既便于扩张地盘，又便于输进和输出货物。与中国其他人口稠密、土地宽广的城市相比，景德镇不能称为城市，只能称之为'镇'。但它还是窑数已达到三千座，屡见火灾，最近发生了八百户失火烧毁的惨案。到了夜晚，它好像是被火焰包围着的一座巨城，也像一座有许多烟囱的大火炉"。（以上皆出自殷弘绪书信。）这就是一个为瓷器而生，所有人的生活与命运都与瓷器息息相关的地方。

明朝早期的景德镇民窑，发生过几次起伏，都与官窑的兴衰有关。明成祖朱棣在位时，景德镇的生产路线是全力发展官窑，民窑停滞不前，这种情况一直持续到明朝第六位皇帝——明英宗朱祁镇上位时，因他采取了一些减少官窑扰民的措施，才有所缓解。但他后来又下令"皇家命都察院出榜，禁江西瓷器窑场烧造官样青花白地瓷器于各地货卖及馈赠官员之家，违者正犯处死，全家谪戍口外"，几年后，皇帝还把这个禁烧的范围扩大："禁江西饶州府私造黄、紫、红、绿、青、蓝、白地青花瓷……首犯凌迟处死，籍其家资，丁男充军边卫，知而不以告者，连坐。"（以上皆出自《明英宗实录》。）这是因为民用品市场上出现了与官窑风格高度相似的器物，数量还不少，这就触犯了皇家的忌讳。这样一来，民窑又陷入了一段低谷。

从16世纪中期到17世纪，在西方是资本主义萌芽的时期，在中国是明朝的中晚期，社会出现了奢靡颓废的迹象，官窑已难以满足朝廷的需求，于是就另辟蹊径，把来不及完成的官方订单分派给比较优秀的民窑，挑选其产品中质量最好的进

清中晚期青花瓷对比图

年代	釉料	釉色	图纹	工艺
嘉庆	浙料	普遍白中泛青	以绘画为主,另有刻花、印花、划花、贴塑、镂雕装饰工艺	莹润细致,表面有"波浪釉"
道光	国产青料	蓝中偏灰	道光时期纹饰逐渐摒弃了乾隆官窑繁花绮丽的宫廷风格,构图趋于疏朗,缺少层次变化,比较平淡	道光青花瓷的胎土淘炼尚精,特别是前期的胎体,基本上保持了官窑瓷器的高档本色。后期因战乱等原因,出现胎土淘炼欠精,瓷质粗松,胎壁薄厚不均等现象
咸丰	珠明料	颜色淡雅	人物形象具有"鹰钩鼻"的特点,纹饰呆板,缺乏生机	瓷器胎体比前朝时期的厚重,胎质粗松,胎釉泛白且稀薄,具有"波浪釉"的特征
同治	进口青料洋蓝	颜色鲜亮青中泛紫	图案多有封建迷信色彩,官窑多采用寓意吉祥如意的福禄寿喜纹饰,民窑图纹内容则杂乱无章,且绘画技巧粗陋	胎质粗松,胎釉泛白,平整度差
光绪	国产浙料民窑则用洋蓝或石子青	颜色漂浮在釉中	有丰富多彩的造型、图案纹饰,笔法细致拘谨	胎质细密坚硬,相比清朝前期,还是 明显松软,其中民窑国产青花胎质更加粗松、笨重,白色的胎釉略泛闪青。
宣统	国产青料民窑则多用洋蓝	瓷颜色青翠明艳	青花瓷图纹多以龙、凤、八仙、八宝、八卦、云 蝠、云鹤、团花、缠枝莲和"寿"字等为主要装饰	使用机械制瓷技术,器形规整,胎质瓷化,胎体轻薄,胎釉更显玻璃光泽,敲击发出清脆似金属声音

清中晚期民窑青花瓷器的不同对比(笔者拍摄于北京鲁迅博物馆展厅)

贡。这种做法后来变成了常规,成为别具一格的"官搭民烧"制度。另外,在明朝万历三十六年(公元1608年)时,由于明代御窑厂的停烧,景德镇的民窑业者逐步获得了任意开采和使用优质高岭土的权利(御窑厂长期以来垄断了最优质的瓷土和最好的青料),而且还拥有了许多来自御窑厂的优秀工匠,就此,景德镇民窑的技术水平大幅度提升,在一些关键性工艺上甚至超过了官窑。于是,景德镇大大小小的民窑,后来成了市场的主体。

相对于官窑来说，民窑的产品大多是普通商品，它要兼顾成本与效益，要满足各类型客户的需要，所以市场的流行就是它的导向。当时，由于青花瓷在国内外都有相当大的市场，所以在明代的景德镇民窑中，青花瓷是主流品种，它们中的精品亦能达到官窑的烧造水平，因而价格不菲。与官窑青花瓷相比，民窑青花瓷的画风更活泼大胆，笔触也更自然流畅，内容题材多样，具有蓬勃的生命力。青花瓷之后，是彩瓷的生产：从16世纪中叶以后，景德镇民窑除了烧造传统的红绿彩器外，还烧造起了矾红地金彩、绿地金彩等华丽风格的瓷器，以及一些釉上彩瓷器，许多产品因为质量好而远销海外。

景德镇窑青白釉瓷器

明朝景德镇的民窑青花瓷和釉上彩瓷对国内其他窑场影响很大，如：江西的乐平窑、广昌窑、安远窑、吉安临江窑，福建的德化窑、安溪窑、永春窑、漳州平和窑、华安窑、漳浦窑，广东的饶平窑、博罗窑、揭阳窑，等等。它们都或多或少地烧造青花瓷，有的产品风格还很接近景德镇青花。

德化窑青花碗

福建德化,也就是当年那个被马可·波罗郑重提及的瓷器产地,它是中国瓷器的另一张名片,因为地理的优势和注重市场的理念,这里很早就大量生产外销瓷。所以,它既是出口贸易历史最长的,又是在出口瓷中占到很大分量的瓷器产地。从宋、元时期开始,德化窑的主流产品是青、白瓷,它们的技术在明代达到高峰,尤其是这里的白瓷,胎、釉浑然一体,光润如玉,因此被民间称为"象牙白""猪油白""葱根白""建白",而在国外就被称为"中国白"。在世界范围内,德化白瓷是中国白瓷的经典产品之一。这里的民窑产品种类丰富,有栩栩如生的观音、达摩等宗教塑像,也有梅花杯、八仙杯、茶壶、茶碟、仿青铜香炉、花瓶、文房用具等生活用器,都深受市场好评。

有记载显示,在常年炎热的东南亚,当地居民原本以植物叶子为碗盘,他们"多以葵叶为碗,不施匕筋,掬而食之",是德化窑的瓷器改变了他们的生活习惯,开始用专门的器皿盛放饭菜。德化瓷器销到欧洲时,各国的厨房开始大革命,质地轻巧且价格合理的酒杯、碗、盘等食器,终于替代了原来的金银制食器,让市民阶层也得以追随流行。在各地的宗教领域,由德化窑生产的军持,更成为一些国家的宗教必需品(伊斯兰教徒使用时,日常拜访可为小净之用,朝觐麦加可以携贮溪水，回家前装入麦加阿必渗渗井水和阿拉伯蔷薇水，以赠送亲友和自用）。宗教界的这种需要，使得德化窑的瓷器在寺院被大量使用（非洲基尔瓦岛的大清真寺遗址、苏丹墓地都出土过德化窑瓷，有些还被寺院镶嵌在庙宇建筑或墓柱上作装饰），足见它的受欢迎程度。对欧洲的基督教市场，德化窑瓷器也作出过努力：中国工匠曾经烧造了不少亚当与夏娃像，但是因为文化观念的不同，这些宗教塑像仅限腰部以上裸露，与欧洲人画像中的大不同。

由于德化窑瓷器灵活的商品属性，使得这里的产品能够随时根据市场的需要而调节，比如说在中国的茶叶传入欧洲以后，与之相对应的就产生了对茶器的追求。但因为在欧洲市场上，茶叶的价格还很贵，人们举办茶会时宾客又多，这就要求茶杯的体量要小，使茶叶的消耗速度减慢。于是，德化窑工匠们从荷兰和德国的画作中汲取灵感，生产各种仿欧式日用金属杯具的圆形小茶杯，无柄，称为"玲珑杯"，非常受欢迎，吸引了大量的欧洲商人。根据民国时期《德化县志·卷十六·艺文志》的记载，清嘉庆三年（公元1798年）时，德化人、福建名解元之一的郑兼才专门对此进行了诗咏："骈肩集市门，堆积群峰起，一朝海舶来，顺流价倍蓰。不怕生计穷，但愿通潮水。"（郑兼才《窑工》）足见当时德化瓷业的生产与外销两旺。

除白瓷外，明清德化窑还烧制青花和五彩器。在清代的康、雍、乾三朝，德化窑青花的生产达到了全盛，当时几乎所有的德化窑场都生产青花瓷，数量非常庞大。由于是民窑，德化青花瓷的内容选材比较宽泛，有中国的历史故事、人物仕

德化窑白釉方茶壶

女,有自然山水和一些象征吉祥的动物,还有梅、兰、竹、松柏、葡萄、佛手、牡丹、牵牛花和瓜果等图案。在图案的装饰手法上,以白底勾青花的器物数量最多,但也有少数不走寻常路,是青底白花的装饰,但总体上白底青花器的数量居多。而且在装饰时会注意留白——德化窑产品是以白见长的,工匠们很清楚这一点,所以在设计时会注意使花纹与白底均衡地穿插,使蓝、白两种釉色达到虚实配置且疏密有致的效果,让"中国白"的魅力得以充分展现。

德化民窑青花瓷的款识,与景德镇的青花瓷有很大不同:景德镇的窑场更习惯用官窑的做法,在器物底部写上帝王年号款、干支纪年款等,一般不突出生产者个体;而德化窑青花器是外销瓷,具有强烈的商品竞争意识,通常使用制造者的商号款和窑场作坊的标记,代表者有"源利""兴记""和美""万利""月记""金玉""盛美"等。还有不写字的落款(以画代字,画有小兔、秋叶、双鱼、火焰等)和印章款,它们多半是出现在明代中期以后的瓷器上,到明末清初变得盛行。

正是因为外销数量的巨大,德化民窑,尤其是德化窑的白瓷，成为最早被欧亚各国当作学习标本并最终试烧成功的典范（德国麦森瓷器的出现正是因为仿烧德化白瓷成功）。而德化在明朝所创的阶级窑（由传统龙窑逐步改进而来，特点是燃料消耗相对较少，较易控制窑内还原气氛，制品的烧制质量比龙窑好，但结构比龙窑复杂），也成了被外国同行移植成功的窑炉技术的先祖。当时，欧洲各国都掀起了仿烧德化白瓷的热潮：英国的切尔西工厂根据英女王的指令，在清乾隆五年（公元1740年）后开始仿制德化白瓷；法国的科得和钱蒂雷工厂、丹麦的哥本哈根厘家瓷器工厂，都吸收了德化窑的工艺技术并烧出了白瓷产品。可以说，德化民窑在推动全世界瓷器技术的进步上，作出了极大贡献。

景德镇窑青花折枝花卉纹深腹杯

这是外销瓷的荣光，也是外销瓷的挑战，随着越来越多样化的要求出现，中国的民窑迎来了最让它喜忧参半的时刻。在市场中各种机遇、风波、浪潮以及噱头的背后，是什么样的翻云覆雨之手，形成了时代的逆转呢？

外销瓷，又危险又美丽

中国外销瓷的定义，指的是所有通过贸易方式和市场渠道销往境外的中国造瓷器。我们在前文已经说过，外销瓷来自中国的各大民窑，历史久远。从唐代的越窑青瓷、邢窑白瓷、长沙窑釉下彩瓷，到宋代的青白瓷、龙泉瓷，元明时期的青花瓷，以及清朝各种各样的彩瓷，中国外销瓷在岁月长河里，走过了五彩斑斓的道路。从大宗商品的角度来说，中国外销瓷最集中出口的阶段，是自明嘉靖后期开始，一直到清代的中晚期。这一时间段生产的中国外销瓷，主要市场是欧洲和美洲，由欧美各家公司（主要是东印度公司）组织运输和销售，数量大概有三亿件之多，这是一个真正的天文数字。

作为古代中国的出口"三驾马车"（茶叶、瓷器、丝绸）之一，瓷器相对于茶叶和丝绸，更容易突破地域和文化的限制，因为它完全可以实现定制生产。所以它的出口也分两个阶段：16世纪以前的茶瓷之路，是以中国自身为主导，主要集散地是东南亚和东北亚贸易区，连通的是半个世界的贸易圈；进入16世纪以后，欧美诸国随着地理大发现的展开以及资本主义

对外传播·世界瓷器文化圈

清代初期，官方仍然采取海禁政策。康熙二十三年（1684年），于广州、漳州、宁波及云台山开设海关，海上贸易迅速恢复并达到了新的高度。雍正五年（1727年），漳州海关移至厦门，厦门港被确立为官方前往南洋贸易的始发地，成为了清代对外贸易的主要港口。乾隆二十二年（1757年），设广州为唯一的对外贸易通商口岸。

清代基本维持了明代后期的陶瓷外销格局。清初，以景德镇窑、德化窑及漳州窑生产的青花瓷器为主，景德镇窑粉彩和广彩瓷器也在创烧后迅速成为重要的外销产品，并且出现其它国家和地区大量定制中国瓷器的现象。随着厦门港的崛起，德化窑、东溪窑在清前期进入全盛时期，其产品以青花瓷器为主，兼烧白瓷和五彩瓷，并带动福建和广东东部地区，形成了一个庞大的外销瓷产区，中国古代陶瓷海上贸易在这一时期迎来了最后一个高峰。

清朝瓷器外销体系（笔者拍摄于中国国家博物馆展厅）

浪潮的深入，他们向东方而来，贯通了整个世界的贸易圈，打通了太平洋—印度洋—大西洋的全球航线，这个背景下的中国瓷器，就完全体现出了市场的喜好和流行，也为文化碰撞提供了丰富的内涵。

一开始，由于欧洲市场上"中国风"的流行，欧美客户对中国抱着极其憧憬的态度，他们从中国进口以中国传统纹饰为内容、传统器型为主打，主题表现中国传说和中国传统伦理观念的瓷器。不管它是茶壶、茶杯，还是小茶碟或者餐盘汤碗，只要是中国来的，就是高级的。如果有条件的话，一定要用中国的茶器来喝中国茶，因为它可以证明使用者在其所处的社会中，拥有非同一般的地位、财富、权力以及学识。所以那时候的欧洲贵族，大多数会在家中专辟一个陈列中国瓷器的陈列室，再不济也得有个瓷器展柜，不然面子上过不去，甚至连儿女的亲事都会受影响（古今中外，所有的贵族都讲究门当户对）。

清青花山水楼阁盘，是当时欧洲极受欢迎的中国题材式样

在明清两朝的贸易高峰期，欧洲国家的财力空前高涨，于是市场上的中国外销瓷根据客户的自身情况，开始定制生产，大致可分为三类：其一是中国式样、外国题材，也就是由工匠们根据订单将各种流行的西方纹饰，绘在中国传统器型的纹饰位置上，供客户选择购买；其二是外国式样、外国题材，比如富含欧洲情趣的器型和装饰图案的餐具、人物雕像、下午茶具套组等，它们跟中国本土的审美不相关，是工匠按照图纸揣摩出来的；其三则是中国式样、中国题材，它们是中西结合渗入了外国风格，像著名的"满大人"瓷器（以描绘清代官员日

常生活场景为内容的外销瓷，因清代称呼官员为大人，朝廷统治者又是满族贵族，所以得此器名），一度非常流行，成为欧洲人眺望中国的一扇小小窗口。

外销瓷领域有几个听上去很美的名词，是一定要了解的。第一，是"克拉克瓷"。中国人往往不明就里，不明白它是一种什么样的瓷器，其实它的名字来源于17世纪初荷兰人（荷兰东印度公司）在海上截获的一艘葡萄牙商船，这艘船的名字叫克拉克。因为荷兰人发现船上都是带开光的中国瓷器，所以后来在西方，就统一把这种风格认定为"克拉克风格"。"克拉克瓷"的特点是器物宽边，青花瓷居多，在盘、碗的口沿绘上分格及圆形开光的山水、人物、花卉、果实等。它其实是中国晚明时期的外销瓷风格，直到今天在西方社会还有很高的知名度，深受人们喜爱。

克拉克瓷的制作窑场，一开始是景德镇，后来中国其他的民窑也大量仿造，比如漳州的平和窑，但其画工较景德镇的克拉克瓷要逊色，当然价格也更便宜。克拉克瓷的典型图案以鹿、池塘、垂柳、鸭子、花鸟等为主，这些自然题材的图案比较好理解，也更容易仿造，所以到克拉克瓷外销最红火的阶段，荷兰、德国、英国等欧洲国家纷纷加

明末景德镇窑青花开光飞蝶花卉纹盘，属于典型的"克拉克瓷"

入了仿造行列，如麦森瓷器早在公元1710年，就开始了对它的模仿。

克拉克瓷的发展，在中国的明清交替之际一度受到重创，战火迭起，窑业凋零，工匠逃难，外国商人欲求好产品而不得，无奈之下只好把目光转向了中国的邻国日本。为什么是日本呢？我们知道，当年日本政治家丰臣秀吉以出兵朝鲜为契机，把朝鲜最优秀的陶工强行带回了日本，而这些人的技术其实源自中国。日本实际上采用了中国技术，以朝鲜陶工为主力，以景德镇的瓷器为目标，从17世纪开始了日本瓷器的烧制。因为它们都是从伊万里港（日本九州岛佐贺县西部的港口城市）出口的，所以在外销领域就叫作伊万里瓷器。

伊万里瓷器中最有名的是与中国风密不可分的"芙蓉手""柿右卫门"以及"金襕手"样式。"芙蓉手"是仿中国青花瓷样式，因其瓷器盘中的开光图案画法形似一朵盛开的芙蓉花而得名。有意思的是，早期伊万里瓷器背后经常出现"大明成化年制"几个字，这是因为当年的伊万里工匠在欧洲客户的要求下，通常以中国瓷器为蓝本生产，既然追求中国化，所以也就原封不动地复制了中国瓷器底部的铭文，相同情况

长沙窑青釉褐斑贴塑执壶

还有"大明宣德年制"和"大明年制"等字样的瓷器,但是数量要少得多。

"柿右卫门"样式指的是在素色的基础上进行改良,不用白瓷而采用乳白色瓷胎(称之为"浊手")为基础色绘制的样式,普遍认为是由日本陶工柿右卫门开创了这种彩瓷风格。这一样式的纹样结构里会大量留白,以传统和式画风的花鸟、动物和山水为主要题材,以色调明朗、清丽的彩绘为呈现形式,烧制出别具一格的产品。

"金襴手"样式是17世纪末至18世纪的伊万里瓷中,最具代表性的风格,它在工艺上借鉴了中国明代景德镇窑五彩和漳州窑的彩绘瓷技术,同时又融入日本浮世绘与欧洲洛可可的艺术风格,其最重要的特征是以釉下青花结合釉上彩绘(主要为矾红彩)并加绘金彩的装饰方式。这种"金襴手"的器型以盘和大盖罐等大

日本制五彩武士人物瓶

器为主,在室内陈列有富丽堂皇的效果,所以很受欧洲市场的欢迎。这又反过来影响了中国瓷器。

就在公元1684年(清康熙二十三年),清政府收复台湾成功,就此逐步解除了海禁政策,中国的对外贸易业得到恢复。但是几十年间,景德镇瓷业的中断给日本对手带来了巨大市场,这时候的日本已经超越中国,成为欧洲市场最大的瓷器出

口地。为了夺回原本属于自己的市场，景德镇不得不审时度势，在日本伊万里瓷的装饰风格上，烧造"中国伊万里"瓷，其中最多的是仿"金襕手"风格的瓷器。

客观地说，中国外销瓷的中断是战争等人为因素所致，在世界范围内，中国瓷器尽管多年不振，但工艺技术仍然首屈一指，釉料和瓷土的质量也要好得多。所以，源自日本伊万里瓷的"中国伊万里"瓷的胎体更加轻薄，青花发色更加鲜亮纯净，色彩构图也更注意留白，给人带来优雅的视觉感受（日本伊万里瓷因为瓷土不够白，喜欢满铺装饰，有色块堆积的感觉），很快，它就得到了潮水般的订单。景德镇又经过二三十年的努力，终于以彼之道还施彼身，把持续外销了一百年的日本瓷器，步步逼退，最终挤出了欧洲市场。中国外销瓷的生产又进入全盛期。

和以往不同的是，中国人这时的定制生产，实现了分段加工，因此出现了"广彩瓷"这样的外贸产品。这种瓷器是在广州釉上织金彩瓷的基础上发展而来的，采用的是低温釉上彩装饰技法，所需的白瓷胎是在景德镇烧造的，彩绘和烧彩则是在广州完成的，所以才被称为"广彩"。它总体的特点是构图紧密、色彩浓艳、金碧辉煌，绘画方式几乎完全是西方的风格。

广彩瓷器的题材内容，大部分已经脱离了中国风，因为它的订单来自欧洲的各个皇室、家族、教会、社团和城邦等，因此它们中很多器物描绘有圣经故事，以及古希腊、古罗马的神话故事，还有一些是西方人的日常生活。这就又出现了一类特别的瓷器——纹章瓷。它是在中国的瓷胎上，由工匠们根据欧

广彩描金纹章瓷

洲商人提供的种类、造型和式样要求,将欧洲诸国贵族、都市和团体等的特殊标志,烧在瓷器上。这些纹章往往又和人物、动物、山水、花卉等纹样同时使用。这一类瓷器中最早的样本,是绘有葡萄牙国王马努埃尔一世纹章的一件青花瓷壶,因为葡萄牙商人是欧洲各国商人中来中国最早的,他们从16世纪开始就将大量的中国瓷器销往欧洲。在瑞典方面,根据一项不完全的统计,有三百多家贵族到中国定烧过纹章瓷。当然,纹章瓷的最大客户还是工业革命后一夜暴富的英国,英国王室和各地贵族的定制数量,要远远高于欧洲其他国家。曾有一位英国学者统计:18世纪时,中国销往欧洲市场的各类纹章瓷约有60万件,其中仅公元1722年这一年,英国就进口了近40万件纹章瓷。

康熙年间的纹章瓷主要是彩色纹章瓷和青花纹章瓷两种。由于中西方文化差异很大、语言也不通,欧洲商人没有办法与工匠直接沟通,所以为了保证最大的准确性,欧洲人以提供版画的方式，让中国工匠来对照描摹。当时在广州城的珠江南岸河南（现海珠区），出现了许多专门对纹章瓷进行上彩的作坊，一般一个作坊里就有上百人，足见订单量之大。

广彩瓷器的出现和发展，和广州所处的地理位置分不开：一方面，广州自古是中国对外贸易的重要出入口岸，随着清初海禁的解除，外国商人自然纷至沓来；另一方面，自公元1757年（清乾隆二十二年）开始，清政府只保留粤海关一口通商贸易足足有八十年，这使得广州外贸呈现一枝独秀的繁荣景象。而且，西方先进的天文学、数学、地理学、物理学、医学、建筑学、美术等领域的各种新成就此时也传入中国，为中国瓷器的内容创新与技术进步提供了持续参考。

广彩开光人物花鸟纹双柄盖杯

广彩到了清代后期的道光至光绪时期达到最繁盛阶段。但与此同时，中国外销瓷的危险早就在逼近，因为像中国一样烧出"又美丽又结实"的瓷器，成为所有外国同行的追求。美国传教士卫三畏就曾在公元1834年（清道光十四年）写的《广州的主要进出口商品》中记载道："瓷器，这种货物现在出口很少。当东方产品最初绕过好望角被运往欧洲时，中国瓷器价格很高，船靠它获得巨额利润。但它的制造方法已被查明，欧洲国家开始制造并很快与中国瓷器展开竞争。"是的，随着不断的学习与揣摩，欧洲各国陆续有了自己的瓷厂和瓷器品牌，它们的装饰和器形更适合西方人的喜好和生活习惯，价格也做到了比中国瓷器更便宜，这迫使几百年来作为硬通货，从不需要标记产地的中国瓷器，开始在器物底部标注"CHINA"款印

清代外销瓷窑场以闽南地区为中心（笔者拍摄于北京鲁迅博物馆）

章。后来，国际贸易界为了加强对中国外销瓷的质量监管，更要求瓷器在底部标记完整的"MADE IN CHINA"才能正常出口。这也是中国最早标上"MADE IN CHINA"的出口商品。

　　大厦将倾，终究难挽。中国外销瓷的盛况随着清朝社会的崩塌而走向没落。从18世纪晚期开始，中国对欧洲出口瓷器数量开始明显减少，到19世纪初几乎完全停止，后来中国外销瓷的市场转向美国，但它出口的黄金时期已经过去，最负盛名的景德镇瓷器的质量也开始下滑（公元1794年以后，由于清政府认为有伤地脉，高岭土便被严禁开采。这样优质制瓷原料的来源被切断，景德镇就难以再参与国际竞争）。一直到19世纪70年代以后，来自美国的外销瓷订单也基本消失了。曾经无与伦比的"中国制造"，就这样被彻底地边缘化。

　　外销瓷的起伏不仅关乎中国，也与它背后的推手——国际上各家东印度公司的命运休戚相关。那么，它们又有什么样的故事，散落在了岁月长河里，成为后世商界津津乐道的话题或者前车之鉴呢？

商船开往东印度公司

东印度公司在中国,是一个耳熟能详的名字,因为我们都学过历史,知道在18世纪,为了扭转与中国之间的贸易逆差,英国东印度公司将万恶的鸦片从孟加拉地区运到中国,导致中国巨额白银的流出,才有了林则徐虎门销烟,最终引爆了公元1840年的第一次鸦片战争。

但部分读者可能不了解,东印度公司不止一家——从17世

各国东印度公司的船队相继来到中国

纪初开始，一共有英国、荷兰、法国、丹麦、葡萄牙和瑞典等八个欧洲国家，各自成立了东印度公司。其中英国东印度公司成立最早，存续时间最长，实力也最强。东印度公司们的出现，与大航海时代有着密不可分的关系：早在公元1492年，哥伦布航海发现了美洲，误以为那就是印度，于是广而告之。尽管到后来，欧洲人发现错了，但他们已经根据自己的习惯，将真正的印度以及印度尼西亚等一些东南亚国家称为东印度，而将美洲的一些地区称为西印度，这样，他们各国在东印度设立的贸易公司，就此得名东印度公司。

英国女王伊丽莎白一世被认为是英国东印度公司的缔造者

东印度公司都是怎么做生意呢？以它们中的两大巨头英国东印度公司和荷兰东印度公司为例。

英国东印度公司最初的正式全名是"伦敦商人在东印度贸易的公司"，是一个民间的股份公司，总公司在伦敦。这个公司的所有者们（共有125个股东，注册资金为7.2万英镑），在公元1600年获得了英国女王伊丽莎白一世给予他们的在东印度21年的贸易专利特许权（贸易垄断权）。后来的英国东印度公司就变了性质，从一个商业贸易企业变成了殖民机构，在英国的殖民地，它可以行使政府职能，对殖民地的原住民进行统治，对殖民地国家进行经济掠夺，还从事奴隶贩卖以及毒品交易这种毫无道德底线的行径。

荷兰东印度公司是一个更纯粹的商业组织，是世界上第一家股份制公司，其最大的股东就是荷兰政府（它的起步资本是英国东印度公司的10倍），但它在本国不设立总部。荷兰东印度公司在海外可以自组佣兵、发行货币，并被获准可与其他国家订立正式条约，所以相对英国东印度公司，它有更大的殖民地自主权。

到公元1669年也就是中国的清康熙八年时，荷兰东印度公司已成为世界上最富有的私人公司，旗下拥有超过150艘商船、40艘战舰、5万名员工与1万名佣兵的军队，它的公司股息高达40%。

荷兰东印度公司早就看中了中国的茶叶、瓷器和丝绸等利润丰厚的商品，他们曾经希望与明朝正式贸易，但明朝政府只承认朝贡状态下的贸易关系。荷兰人不愿意，于是他们就开始以勾结华商走私和抢夺别国的商船为手段，来获得中国产品。为能有个商业据点，他们把从中国沿海采集的瓷器存起来，再转运到日本、东南亚各国，以及南亚、阿拉伯地区和欧洲，荷兰东印度公司来到了台湾的赤坎（今台南）建了要塞，但在

荷兰东印度公司定制的鹿特丹起义故事图盘

几十年后,被郑成功手下的军队击退,从此退出台湾海峡。

荷兰东印度公司成立后,从公元1602—1682年的80年间,仅其一家就从中国进口约1200万件瓷器。除了把中国瓷器运往荷兰销售外,它还以中间商的身份,将大约500万件中国瓷器销售到日本、安南(越南)、暹罗(泰国)、缅甸、锡兰(斯里兰卡)、印度、波斯(伊朗)等国家和阿拉伯等地区。而在公元1683年以后,因为失去了台湾的据点,荷兰东印度公司购买中国货(包括茶叶、瓷器),都是在印度尼西亚的雅加达从中国商人手里购买,再由荷兰东印度公司的船只转运回欧洲。正因为荷兰东印度公司带回了中国瓷器,才使得荷兰本土出现了仿中国青花瓷的代尔夫特陶器,然后以其低配版的价格定位,抢到了欧洲市民阶层的市场。

英国东印度公司进入中国时,已经是18世纪初。公元1711年,它在中国广东建立了一个贸易点来用白银换茶叶。到

清朝"一口通商"时期,广州十三行门前各国商贾云集

广州十三行的行商,是英国东印度公司在中国的合作方

公元1715年经清政府许可,获得在广州开设贸易机构的权力。英国东印度公司在中国的合作方,是广州十三行的行商,因为十三行在后来成为中国唯一对外贸易的垄断商业组织,所以二者联手独占了中国的茶瓷贸易近70年之久。但是十三行半官半商的经营制度决定了它的商品流转周期长,短期流动资金不足,所以行商们经常需要从英国人那里获得预付款,来采购下一年度要提供的茶叶或瓷器。到后来,行商调度资金的能力越来越受限,结果就是越来越依赖东印度公司。这样一来,在18世纪30年代后,在广州黄埔港和珠江内停泊的外国商船上,升起了越来越多的英国国旗。到18世纪中叶时,英国已处于在欧洲经营中国瓷器的首要地位,它在几十年间运往英国的中国瓷器,达到300万件。

在茶叶贸易方面,由于从17世纪后期开始,欧洲刮起了

"以喝茶为上流生活方式"的旋风，又因为茶价在广州与欧洲相差数倍之多（公元1705年，曾有英国商船肯特号从广州运回茶叶在伦敦拍卖后，获利近十倍），所以欧洲各国都争抢这一市场。仅以公元1721年的英国东印度公司为例，其进口的中国茶叶达到了一百万磅（约四百五十吨）。

英国是工业革命后崛起最快的西方国家，英国人的消费水平同时水涨船高。当时的欧洲国家虽然都进口中国茶，但其他国家采购的茶叶是质量一般的大路货，而英国人不同，他们喝茶的水平和口味早就上去了，现在下不来，所以英国人从中国进口的茶叶，大部分都是价格昂贵的上等货，还供不应求，以至于欧洲其他国家再出口的茶叶，最终也流入了英国。

在今天以茶知名的英国川宁公司，前身是在公元1706年，由川宁创始人托马斯·川宁在伦敦开设的咖啡馆"汤姆咖啡店"。托马斯·川宁在25岁时进入英国东印度公司学习货物的进出口贸易，几年后，他自主创业开起了咖啡馆。由于预测到茶叶未来爆发性增长的机会，托马斯·川宁顶住了高昂的茶税压力，开创了在咖啡馆提供茶饮服务的先例，同时他也卖茶，成为当时伦敦极少数的零售茶店。

茶饮之风的盛行，反过来更刺激了中国瓷器的出口，在欧洲，逐渐形成了这样一种观念：一个有身份的人家，必定要有一个喝茶的茶室，必定要在这个茶室最显眼的位置，放上在中国定制的瓷质茶器，它们中必定要有一个好样式的中国茶壶，以方便在茶会中，把给客人喝的上等好茶分到从中国进口的小茶杯里。这种茶会在英国社会，发展到后来成了女主人炫耀财富和风雅的交际场。

这一风潮也影响到了英国王室。曾经有一位英国商人,偶然在中国得到了一把明代御窑五彩茶壶,它整体高10英寸(合25.4厘米),造型古朴,壶身上部有提柄,四周装饰着五彩花鸟图案,釉色明丽。于是,他回国进献给了女王伊丽莎白一世,而她极是喜爱。因为在英国东印度公司成立以前,很

英国东印度公司纹章高足盘(清嘉庆)

少有这样精美的瓷器传入英国,欧洲自己的瓷器也还没烧制成功,他们日常使用的金属器皿又很容易受腐蚀,所以女王一直珍藏着这把中国茶壶,直到她在英国东印度公司成立的三年后(公元1603年)去世。女王在去世前,把茶壶赐予了自己最信任的大主教亨利·帕里,而那时候这把茶壶的市场价,就已经相当于伦敦闹市区的一幢宅子了。2007年,这把来自中国宫廷、又被英国女王收藏过的明代茶壶,在全球三大拍卖行之一的苏富比拍卖行春拍会现场,以107.9万英镑(约合人民币1641万元)的天价被拍出,一度引起了轰动。

中国茶叶的出口在19世纪80年代达到了顶峰,数量大约是每年10万吨。但这时候,中国茶的价格始终坚挺,质量却出现了下滑。而且,英国东印度公司早就暗中派人从福建盗取茶

树苗，并在印度和斯里兰卡等地引种成功，就此减少了对中国茶叶的进口依赖。到后来，印度茶和锡兰（斯里兰卡）茶异军突起，成为中国茶叶在欧洲的最大竞争对手，中国茶的国际垄断性优势从此消失。

在多年的国际贸易过程中，英国东印度公司承受着由中国茶叶和瓷器带来的贸易压力，因为他们用来买茶叶和瓷器的白银来自美洲，而本国产品却在中国滞销，所以，英国东印度公司长期面临白银短缺的情况，最后，他们铤而走险，向中国销售在孟加拉地区种植的鸦片，引爆了公元1840年的第一次鸦片战争。

当然，各东印度公司之间，也是要竞争的。比如英国和法国的东印度公司就曾在印度南部地区开战，他们以两国之间的七年战争（公元1756—1763年）为由头，挑起了两个商业公司为争夺贸易主导权而形成的火拼之势，最后是缺乏政府支持的法国东印度公司在公元1769年被解散，领地并入王室。

一开始曾经势均力敌的英国和荷兰两大东印度公司，它们主要争夺的是南海航线的贸易控制权。由于荷兰商人在亚洲扎根的时间更长久，同时荷兰东印度公司也有更先进的管理体制，其在印度的香料贸易已经成熟而稳定，可是英国东印度公司却插手了这个市场，造成当地香料的产量增加，价格开始下跌，使得双方间产生摩擦。就在公元1623年，英荷两国在安汶岛因争夺香料特许经营权，引发了杀死10名英国东印度公司员工的恶性事件。这造成双方关系的完全恶化，并为后来的四次英荷战争埋下伏笔。

清代外销瓷生产流程,货物最终由各东印度公司销往全球

从公元1652年到1674年,英、荷两国间发生了前三次战争,彼此互有胜负,双方实力均不同程度地受损。到了公元1780年,英国又以荷兰支援美国独立战争为理由,发动对荷兰的第四次战争。这次战争严重耗费了荷兰的国力,致使其国内在亚洲货品上的消费水平和消费需求大跌,导致荷兰东印度公司出现严重的经济危机,最终被迫在公元1799年12月宣布解散。从此,英国彻底取代荷兰成为海上霸主,英国东印度公司

一枝独秀，成为东方世界里最大的寡头商业集团。

英荷战争真正的受益者却是美国，它从英国殖民地的阴影中走出来，在公元1776年宣布独立。公元1783年美国赢得独立战争，公元1784年就派出了商船前往中国广州。这艘船横跨大西洋，绕道好望角，经过印度洋，历时半年多的时间，跨越2万公里的行程，在当年的8月驶入黄埔港。这艘美国商船带来的主要是美洲地区的土特产，包括皮货、人参、铅、棉花、胡椒、羽纱等。这是美国人精心选择后的商品，通过中国的十三行商人之手被全部售出，随后他们又购进了茶叶、棉布、瓷器、丝绸、肉桂等美国人喜欢的货物，沿原路返回纽约，并很快将这批中国货销售一空，引发了空前的轰动。这艘总投资12万美元的商船，通过本次交易净赚了3万多美元，利润率为25%，这让从一开始就深具商业头脑的美国人兴奋不已。

这艘商船就是后来大名鼎鼎的"中国皇后"号货轮，它的首航成功，让建国之初一穷二白但充满了奋斗精神的美国人深受鼓舞，曾有位美国学者在描述当时的对华贸易热时，这样写道："在美国每一条小河上的每一个小村落，连只可乘坐5人的帆船都在准备出发，要到中国去装茶叶……"为了支持美国人自己的商业成功，连美国德高望重的"国父"华盛顿都向"中国皇后"号购买了一批中国瓷器。而且这次航行的商务总管山茂召，于公元1786年，被华盛顿总统任命为首任驻广州领事，这也是美国第一个驻华领事。从这一阶段开始，东印度公司时代那种追求巨无霸垄断的贸易模式被打破了。

19世纪是一个全新的世纪，呼唤更先进、更灵活的商业业态。体制逐渐僵化的东印度公司在经营中出现了越来越严重的贪赃舞弊行为，其殖民地日益兴起的反殖民运动也让它头疼不已，再加上英国国内的工业革命成功，带来了工业资本对商业资本的压倒性冲击，种种困局使它无力回天。最终，掠夺了东方利益长达274年之久的英国东印度公司因不堪重负而解散，在公元1874年画上了永远的句号，彻底走下了历史舞台，成为明日黄花。

历史，永远不乏新的传奇。在时代的夹缝中，永远会有一些人倒下去，也永远会有一些人发出的声音，穿过重重迷雾，成就永恒的经典。

皇后的茶器、发明家和工业革命

韦奇伍德Jasperware系列瓷器

数年前,在西方政坛上曾经发生过一场风波:澳大利亚一位已卸任的政要,因为自购了一套英国韦奇伍德茶器,而受到其国内反对党的激烈抨击,因为这套茶器的售价是3154美元,合当时的人民币约26000元,可以买一百多个普通电饭煲。是什么样的茶器这么有魅力?让一个谨言慎行的政治家不惜冒"奢靡"之名,也要为它一掷千金?

答案还要回溯到两百多年前。我们在前文中已经说到,中国的明清两朝是外销瓷出口的巅峰期,但它的衰落也紧跟而来。到了清王朝的后期,中国社会的各个行业都受到了国家命运衰微的影响,曾经无与伦比的中国瓷器开始走下坡路,渐渐失去了它的海外市场。

在中国外销瓷曾经最辉煌的欧洲市场上，以英国为代表的欧洲国家，从18世纪中叶开始进入了工业革命时代。这一时代来临的意义非同小可——工业革命是一场以大规模工厂化生产取代个体工场手工生产的生产与科技革命，标志着资本主义生产完成了从工场手工业向机器大工业过渡的阶段，从此后人类生活进入了新纪元。

在公元1759年的英格兰中部，斯塔福德郡的斯托克小城里，开起了一家陶瓷工厂。一个叫乔塞亚·韦奇伍德的青年男子，是这家工厂的厂主。他貌不惊人，右腿更有因儿时患天花而留下的后遗症——膝盖受到永久性伤害，无法从事很多工作。所以，尽管生于陶工世家，而且有多年学习制陶工艺的经验，但乔塞亚·韦奇伍德的创业之路，却注定靠头脑和眼光。

跟所有的欧洲瓷器品牌一样，韦奇伍德瓷器也是从仿制中国瓷器开始的。因为景德镇外销瓷在技术和产业结构上的成熟优势，使瓷器生产的成本非常低，而英国本地瓷器的制造成本还在高位盘旋。另外，景德镇瓷器质地坚韧，胎体纤薄，釉色晶莹，装饰也很精致，所以刚刚起步的英国瓷器厂根本无力与之相竞争。

韦奇伍德曾仿制古罗马时期的宝石玻璃制品波特兰瓶

乔塞亚·韦奇伍德不像别人那样只满足于简单模仿，他一直在进行自己的发明。首先是在18世纪60年代初，他发明了乳白瓷器（creamware）。这是一种像我们食用的奶油那样，在白中透着微微乳黄的一种色泽，因为cream一词在英文中的意思就是奶油，所以可想而知，它有均匀的釉色和很好的反光度。而这正是当时欧洲绝大多数的瓷器厂所做不到的。乔塞亚·韦奇伍德通过把二氧化硅混合在红色陶土里，烧制出了白色的混合物，接着在上面盖上一层透明的釉彩，结果得到了史无前例的乳白瓷器，在业界一炮而红。公元1765年，这种瓷器受到了极其重视工业生产、一心扶持本国工业的英国王室的注意，当时的王后夏洛特更是为此亲自授予韦奇伍德品牌"皇后御用瓷"（queen's ware）的称号。

乳白瓷器发展到后来，是在光洁的器物上绘画，这种画面和中国景德镇瓷器的图案不同，偏重于写实，所以当时很流行把各地的风景描画在上面。这种流行风让韦奇伍德工厂接到了一笔大订单——公元1774年，俄国女皇卡特琳娜在此专门定制了一组952件套的乳白瓷餐具，这些瓷器每件都绘有英国风景的图案，总共画了1244幅工笔画。毫无疑问，这是货真价实的艺术品，它们让韦奇伍德精工细造的名声传到了英国之外，许多成立时间比韦奇伍德早得多的欧洲瓷器厂，也回头效仿它的风格。

乔塞亚·韦奇伍德在瓷器上的第二项重大发明，是在公元1770年，采用当时最新的工艺制造技术，生产出Jasperware系列。Jasperware翻译成中文是"玉石"的意思，这是韦奇伍德作为一个瓷器品牌最具创意和最大胆的系列。它的灵感来自古罗马时期的宝石玻璃制品波特兰瓶，其特色就是用不同颜色的哑光器面配以白色浮雕，营造出一种非陶非瓷又古朴雅致的效果。在Jasperware系列瓷器中，最经典的当属Pale blue，这是一种淡蓝色饰以浮雕的哑光瓷器，一度非常昂贵，因为它最初的颜料来源是从中东进口的钴蓝，与景德镇瓷器的青花用料相同。这种原料如果大面积地铺开使用，势必会大大提高产品的价格，造成能承受其价格的消费者非常少。此外，Jasperware因为质地较疏松，所以无法做成餐具、茶具这样的食用器，会造成留渍而大大影响它的美观。不实用又贵重，这对一个工业革命时代的工厂主来说，是一个巨大的难题。

乔塞亚·韦奇伍德经过深思熟虑，想到了这样一个办法：在Jasperware系列中加入一种项链挂饰产品，由工厂接受顾客的订单，把人们想要怀念的亲人的形象雕刻在小小的瓷器上，便于随身携带。这个产品一经推出，就获得了巨大成功。因为在此之前，无论什么身份的欧洲人，如果想要缅怀亲人，都只能通过画像的方式。但是画像尺寸很大，不可能随身携带，纸张的质地又比较易损，想要长年累月地保存有难度。所以乔塞亚·韦奇伍德的这个发明，等同于如今肖像照的前身，既是切中了市场的缺口，又精准地把握了人们的情感需求，是一个非常具有现代经营理念的创造。

Jasperware系列瓷器中的蓝色，如今被称为"韦奇伍德蓝"，又有"英国蓝"之称。它象征着英国工业快速发展的一个特殊时期，对英国人来说有着非同一般的意义，连英国女王伊丽莎白二世,也经常身着"英国蓝"色彩的礼服现身各种庆典和外交场合。

乔塞亚·韦奇伍德的第三项发明,对全球瓷器工业都造成了巨大影响,那就是他在公元1812年推出的骨瓷系列。骨瓷,顾名思义,就是用骨粉加上石英混合而成的瓷土烧制的瓷器。它色泽纯白,有一种半透明效果,风格美丽温柔,重量轻,且极为耐用,是一种非常理想的生活实用

各种各样的骨瓷茶、餐具成为人们今日生活用瓷的主流

器。骨瓷产品的问世,解决了一个很大的问题,就是在瓷器晶莹剔透的同时兼顾了牢固度,这是汲尽华美细腻的中国瓷器的短板。骨瓷中的骨粉,包括牛、羊、猪等动物的骨粉,其中牛骨粉因为最能使骨瓷坚韧,因而最有价值。一直以来,韦奇伍德品牌骨瓷产品的添加标准是51%的动物骨粉,可以说是世界上最坚固的陶瓷器(其他同类产品的骨粉含量一般在35%左右)之一。

骨瓷是完全区别于中国瓷器的产品,在19世纪前中期为英国建立起了全新的现代瓷业。乔塞亚·韦奇伍德作为大名鼎鼎的发明家瓦特的好友,对工业革命的力量深信不疑。所以,他率先在陶瓷业内引进了蒸汽机和车床,大大提高了产品的生产效率和质量。他还改革了过去完全依赖手工的生产模式:以机

器设备和模具注浆成型代替手工制作陶坯，以转印珐琅工序替代效率低下的手绘珐琅图案。这样一来，瓷器的品质不再依赖工匠的技术，而是取决于模具与纹样的设计。此外，他还发明了利用陶瓷测试温度并掌控温度的方法，为工业革命时期的陶瓷产业发展作出了开拓性的贡献。

风靡英国社会的下午茶，离不开瓷器之美。在工业革命到来之前，下午茶是上流社会的专属。工业革命之后，乔塞亚·韦奇伍德以及他同时代的企业家，把普通瓷器的价格降到了最低每件1先令，而当时工业重镇约克郡的熟练工人的平均日工资已经从1先令涨到了2先令3便士，显然普通人也完全能拥有像样的瓷器了。于是乎，越来越多的英国人开始在早餐和整个下午都喝茶，其风潮之盛，甚至使他们放弃了原本在早餐时饮啤酒和麦酒的习惯。在流行蓄长胡须的18、19世纪，为了能减少男士们的胡须过多接触茶汤，保持他们优雅的仪态，欧洲人还将茶杯进行了改良，使其杯口外延，这在一定程度上又与中国瓷器有了区别。

在韦奇伍德品牌的瓷器中，至今仍有不少系列的茶器以纯手工制作，工序细致而漫长，要耗费大量的人力和成本，因此定价不菲，常常成为王公贵族的典礼和一些特殊场合的标志性用器——公元1902年美国老罗斯福总统在白宫举行盛宴，公元1935年玛丽皇后号豪华邮轮首航，公元1953年英国伊丽莎白女王二世加冕，以及公元2011年英国威廉王子和凯特王妃大婚……。英国上流社会的人们，对韦奇伍德瓷器有着不一般的感情。

20世纪初,在斯托克瓷器二厂内工作的年轻女工

由下午茶流行引发的工业革命时代的瓷器热,发展到最后,意外促成了英国现代交通业的兴盛,尤其是运河。我们都知道,瓷器是一种极易在运输过程中受损的产品,因为,它对道路条件的要求很高。在18世纪,作为英国瓷器主产区的小城斯托克,几乎没有平整的道路,人们形容那时候的路面"随处可见人头般大小的石头和深得难以置信的车辙印"。到了下雨天,这种情况就更糟糕了,作为运输工具的马车,可能连走都走不了。但是,斯托克又有一个地利上的优势:它位于英格兰中部的特伦特河畔,处在曼彻斯特与伯明翰两大工业城市的中间,有便利的河道运输条件,可与英国的各条水路相连。

为了让产品能够"货尽其通",在最短的时间内安全地到达交易地点,行销国内乃至整个欧洲,乔塞亚·韦奇伍德作为一个企业家,首先上书英国议会,要求政府加强对英国标准化道路和人工运河的修建。他又自掏腰包,直接出资参与了特伦特—默尔西人工运河的建造,打通了东西英格兰的河运交通,让斯托克的瓷器厂,实现了产品一出车间就到码头的便利。

与中国深长壮阔的京杭大运河不同,英国运河从一开始修建就秉持着工业革命时代的实用主义精神。英国需要的是一个能连接全国各地的运河水路网络,它只需要"实用、够用",能行船,而不必考虑是谁"修得宽,修得长"。在一切皆有可能变化的时代里,人们要以尽可能低的成本,实现最大化的效益。于是,当英国大地被一条条规划细密的"瘦版"水道连起来时,它就拥有了一个形象的名字"the cuts"("大地上的刻痕")。

工业革命时期,在乔塞亚·韦奇伍德创立韦奇伍德品牌的前后,还有一大批英国瓷器品牌崛起,如皇家伍斯特(公元1751年创立)、安思丽(公元1775年创立)、斯波德(公元1776年创立)、皇家道尔顿(公元1815年创立)和皇家阿尔伯特(公元1896年创立)等,它们至今仍是欧洲市场的宠儿。乔塞亚·韦奇伍德则因为个人在行业开拓上的先驱地位,被誉为"英国陶瓷之父"。英国《大不列颠百科全书》对他的评价是:

工业革命时期,皇家伍斯特瓷器厂的产品

"对陶瓷制造的卓越研究,对原料的深入探讨,对劳动力的合理安排,以及对商业组织的远见卓识,使他成为工业革命的伟大领袖之一。"

乔塞亚·韦奇伍德在瓷器上的种种创新,使他在公元1783年,作为一个手工艺人被选为皇家协会会员,他撰写了有关窑业技术改革的5篇论文(3篇论述窑炉温度,2篇探讨陶土化学成分),且均由皇家协会出版。在晚年,当他在回忆录中探讨自己的技术创新时曾说:"当我做实验时,就连猎狐的人以打猎为乐也不比我更快乐。"他的这种探索精神,最后甚至影响了他的后代——乔塞亚·韦奇伍德的外孙达尔文,正是举世皆知的英国生物学家、现代进化论的奠基人、《物种起源》的作者。

总之,正是因为18—19世纪的工业革命,大大提升了英国国力,使英国东印度公司将其他各国的东印度公司一一挤出南

为了瓷器运输而开的特伦特人工运河,是工业革命的产物

海，垄断了从中国进口瓷器的渠道，让最高档的中国外销瓷为英国贵族专享。又是因为工业革命，使英国有强大的军事实力，持续从海外殖民地搜刮巨额财富，用来向中国购买茶叶和瓷器，并最终用殖民地种植的茶叶替代了中国茶叶。英国从此开始减少中国瓷器的进口量并降低了茶叶税，茶器的需求热情则被空前释放，几乎所有阶层的英国人都养成了无茶不可度日的习惯。

这是一种时代的进步，却也是一个行业的危机，曾经离欧洲人生活很近的中国外销瓷，渐渐成为收藏界的颜面。在欧洲，人们常常复述一个相同的故事：几百乃至千年以来，有无数的商船载着中国瓷器来到这里贩卖，它们价值连城，却有时会遭遇风浪，坠入深深的大海，并且因此而造就后世的财富。这，就是海捞瓷的传奇，我们在下一节中展开。

海捞瓷档案

海捞瓷这个名词，从字面上不难理解，就是从海底打捞出水的瓷器。然而，海捞瓷却是中国瓷器出口造成的专有名词——我国古代海上瓷器之路的外贸活动，从汉代开始一直进行到清代，尤以宋、元、明、清为最盛。在漫长的千年时光里，大自然的无情造成了各种意外发生，许多满载中国外销瓷器的船舶（各个国家都有）在运输途中遭遇覆没，从而使大量瓷器沉在了海底。到现代，由于打捞技术的成熟和市场各方的盼望，这些年代久远的瓷器又重见天日，并且很快就成了收藏界的宠儿。那么，我们如何把握这些海捞瓷，断定它们的身份和出处呢？请看下面这份档案。

在中国，目前最有名的海捞瓷样本，来自广东阳江出水的南宋古沉船"南海一号"。它是在公元1987年被发现的，到公元2007年完成整体打捞，并成为广东海上丝绸之路博物馆的国宝级古沉船。"南海一号"的发现是个意外。在1987年的时候，广州救捞局本来是与英国的海上探险和救捞公司联手，寻找荷兰东印度公司沉船莱茵堡号。根据资料，那条船上载有白

中国古代沉船分布海域（拍摄于中国国家博物馆展厅）

银6箱和锡锭300多吨,这是一笔可观的财富。但是当救捞人员下水后,却并没有找到荷兰东印度公司的沉船,反而意外发现了深埋在23米之下的另一条中国古代的沉船。

考古学家通过对打捞上来的一些器物的辨认,确定这是一条宋代的商船。船上的货物以瓷器为主,包括福建德化窑、磁灶窑、江西景德镇窑系及浙江龙泉窑系的高质量精品。特别难得的是,这些沉没千年的瓷器,绝大多数都完好无损,且整船数量超过8万件。中国考古界一下子就沸腾了,这是迄今为止中国境内发现的年代最早、船体最大、保存最完整的古沉船!

"南海一号"上的瓷器,主要以茶壶、茶杯、酒壶、碗、碟、盘、坛、罐等日用生活瓷器为主,很多带有明显的东南亚、西亚风格(比如喇叭口的大碗),完全符合当时以阿拉伯人为主要中间商的时代背景。在宋元时期,中国瓷器大量被销往阿拉伯世界的伊朗、伊拉克、叙利亚、黎巴嫩等地,成为他

"南海一号"上的德化窑青白釉瓷器

"南海一号"上的德化窑青白釉瓷器

们生活的一部分。此外,"南海一号"上最多的是景德镇和德化的青白瓷,它们都极其精美,其纹饰有花草植物、几何自然、动物鸟兽等,尤其是佛教传入中国后成为主流装饰图案的莲瓣纹大量出现,生动地揭示了那个时代的特征。

"南海一号"古沉船瓷器的出水,让国内外都开始重新审视中国外销瓷的输出,也使得其他被打捞的沉船备受瞩目。比如说"黑石号",这是一艘著名的阿拉伯沉船。它使用的是阿拉伯人在东非、阿拉伯、印度沿岸使用的典型的双桅或三桅三角帆船。它是在公元1998年,由德国打捞公司在印尼勿里洞岛海域一块黑色大礁岩的附近发现的,因此得名"黑石号"。在"黑石号"上有一批从长沙窑出口的瓷碗,出现了唐敬宗在位

"南海一号"的古代瓷器码放方式

时期"唐宝历二年"（公元826年）的年号，所以它的沉没年代被确认为9世纪上半叶。"黑石号"上的中国瓷器达到67000多件，出水的文物包括长沙窑、越窑、邢窑、巩县窑瓷器，其中有3件完好无损的唐代青花瓷盘尤为珍贵，因为它打破了元代之前中国没有青花瓷的这一传统认识，把中国青花瓷的历史提前了数百年。

由于"黑石号"上最多的是长沙窑瓷器，约有56500件，所以研究唐代出口器物的用途就要从它开始。"黑石号"上的长沙窑瓷器器型以碗为主，其次为执壶，其他器型包括杯、盘、盂、盒、罐、熏炉和油灯等。唐代是中国茶文化的快速发展期，与此相对应的是"黑石号"上写有"茶盏子"字样的碗，它明确标示了瓷碗的茶具用途，而且说明中国的茶文化之风已向国外输出。美国《国家地理》杂志据此认为，这是一千多年前"中国制造"的一场集中展示。

"黑石号"沉没之地在苏门答腊东南海域，结合唐宋时期的政治和贸易背景来看，这里是一度成为

"黑石号"打捞出水现场的瓷器

南海交通总枢纽（7—13世纪）的海上强国室利佛逝国（古国名，属马来半岛）的所在地，它是连接中国与印度、阿拉伯及东南亚各个国家、地区的重要中转站，是古代东西洋航线的要冲之地。"黑石号"的发现，也说明在公元9—10世纪时，确实是阿拉伯商人主导了南海贸易。事实上直到公元977年，作为中东地区当时主要对中国贸易的转口港希拉夫（今属伊朗境内）发生大地震，才使得转口港位移到了霍尔木兹（今阿巴斯港，属伊朗）和吉达（今属沙特阿拉伯），从此后，阿拉伯人便不再直接参与中国的瓷器贸易。

此外，还有"新安沉船"。它是在公元1976年，由考古人员在韩国全罗南道新安郡海域打捞出水的一艘元代商船。它沉没的位置以及船上的一些器物，说明了它的时间和航线——首先有一片木简，上书"至治三年"的字样，这正是元英宗的年号，他在公元1323年时去世，所以这艘船最晚驶出的时间，不会迟于1323年；船上还有一件铜秤砣，上面铸有"庆元路"字样，说明船是从宁波开出的；除此之外，还有一片木简写着"东福寺"，说明日本名刹东福寺订购的货物在这条船上。这就非常明显了，这是一艘从中国宁波经朝鲜半岛驶往日本九州北部博多港的贸易船舶。

从唐代开始，收藏中国器物（唐物）的风尚盛行于日本上流社会。中国的茶和茶器在日本茶道形成之前，是日本贵族和僧侣们的最爱，曾无数次被带往海外。到了元代，随着宋时点茶道的衰微，曾经风靡一时的建窑已很少再生产茶盏。所以新安沉船打捞上来的瓷器尽管有20691件之多，建窑瓷器却仅有

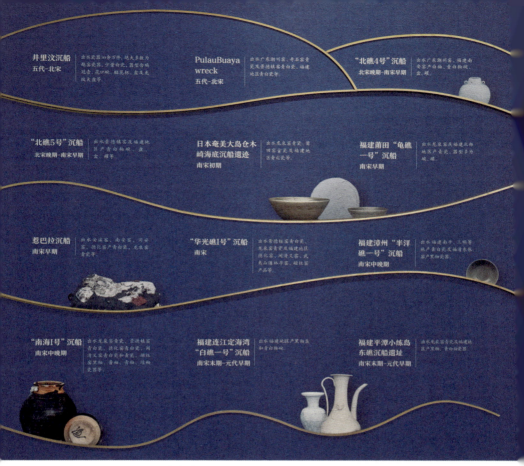

历代沉船上装载有不同朝代、不同窑场的中国瓷器（笔者拍摄于中国国家博物馆展厅）

42件，其他的基本都是浙江龙泉窑的产品，约占整船瓷器的60%，达到12377件，器型有盘、碗、香炉、瓶、罐、执壶、高足杯、匜、盆、茶托、茶碟、茶磨等，全部是元代流行的造型。但其中非常有意思的是一件用于碾制茶粉的茶碾，它是典型的宋代茶道用品，在南宋茶学家审安老人的《茶具图赞》中被称为"石转运"，这说明即使到了元代，宋朝茶文化还在影响海外市场。

在中国外销瓷的出口巅峰期也就是明清时期,海捞瓷的数量有过之而无不及,它们中的大多数出自各个东印度公司的商船。因为在几百年前,从中国到欧洲的海运路线充满了各种不确定因素,每一次航行都蕴含风险。商人们为了巨额的利润,甘愿以身家性命投入到远洋航线,造成了几家欢喜几家愁的结局。

公元1752年的1月3日,是一个星期一,荷兰东印度公司的"吉尔德曼号"(Geldermalsen)轮船在返回荷兰的途中,在南海撞上了暗礁,结果不幸沉没。这是一艘不算大的商船,事故的结果是船员中仅32人幸存,另外80人与船上的茶叶、生丝、纺织品、干货、杂货、漆器、金锭和瓷器一起沉没。

这条船上的瓷器来自景德镇,订货单出自荷兰,经办人是广州十三行的行商。沉没后以当时的条件无法打捞,所以给荷兰东印度公司造成了不小的损失。直到公元1985年,一位沉船打捞公司的船长迈克尔·海彻发现了这批货物,然后率专业团队,分步骤将其打捞出水。而它一出水就引起了轰动,因为在这条沉没了两百多年的船上,有147块金条和金元宝(实际打捞了125块),所有的黄金都非常纯净,重20~22克拉,并加盖着中国质量证明及吉祥图纹的印章。

比金条更让人感兴趣的,是"吉尔德曼号"上的瓷器。其数量巨大,竟超过150000件,风格都是典型的康雍乾三朝的景德镇民窑瓷器。它们被发现时在船上的状态,充分说明了当时的商人如何在远洋航行中保持货物的稳定:当时瓷器外销要进入远洋前,先在大船中装瓷器,一般以舱为单位采用木桶装的包装形式（圆桶可以减少瓷器磕损）；为最大化地利用有限空间，一些极小器物也常常被装入大罐内，从而采用瓷器套装的包装形式。此外还有一点就是，有大量的显然是同一批被采购的中国茶叶，充塞于各类瓷器盘品中以及金条的空隙中，为的是保护货物即使在遭遇风浪颠簸的状态下，也能够完整而不破裂，这是一个明智又接地气的做法。

  这批来自"吉尔德曼号"的瓷器和黄金，最后于1985年4月28日至5月2日，在阿姆斯特丹的克利斯蒂拍卖行以"南京货物"为标题被拍卖出售，获得了巨大的社会反响。

  比"吉尔德曼号"声名更显的，是瑞典东印度公司的沉船"哥德堡号"。它从沉没那天起就备受瞩目，因为，它是在公众

"哥德堡号"模型

的眼皮底下突然倾覆的。

事情经过是这样的："哥德堡号"本是大航海时代瑞典的著名远洋商船，船体长40.9米，囊括牙樯在内的总长度是58.5米，水面高度47米，18面船帆共计1900平方米，可以载运400吨货品，堪称18世纪的超级货船。"哥德堡号"执行了三次从瑞典哥德堡到中国广州的远航任务。第一次是公元1739年1月至1740年6月，第二次是公元1741年2月至1742年7月，最有名的就是第三次，从公元1743年3月至1745年9月。就是在公元1745年9月12日那一天，满载着中国商品的"哥德堡号"眼看就要到岸，但它在快要到达自己祖国岸边的最后一刻（离哥德堡港只有大约900米的海面），竟然莫名其妙地偏离了航线，驶进了当地著名的礁石区，结果触礁沉没了。码头上顿时响起一片惊呼，多少人以不可置信的眼神，看着这一幕的发生。

要知道在那个时代，瑞典东印度公司一条商船一次往返中国和瑞典赚取的利润，相当于瑞典一年的国内生产总值，所以瑞典东印度公司的发展促成了整个哥德堡市的发展。瑞典的王公贵族们纷纷参股到瑞典东印度公司，坐享每年的巨额分红。不过，瑞典东印度公司的最大股东却是一个英国人——苏格兰贵族克林·坎贝尔，他在母国无法染指这种暴利的行业，在瑞典的经营却是如鱼得水。这位坎贝尔先生还有一条很特别的规矩：每次商船从中国返回之后，一旦卖掉船上的货品，就将公司的所有账本一律烧毁，片纸不留。连董事会成员之间，也无法确知其他合伙人的盈利。坎贝尔的做法使得"哥德堡号"在沉没以后，许多的调查取证都无法进行，所以有人私下揣测，

"哥德堡号"的突然沉没是坎贝尔的授意,是一场商业阴谋。

由于"哥德堡号"的沉没地点离港口很近,所以很快就迎来了众多救援的船只,船员们全部脱险,无人遇难。参与救援的人们,最后从沉船上捞起了30吨茶叶、80匹丝绸和大量瓷器,仅仅只占全船装载货物的三分之一。但即使如此,它们在市场上被拍卖后,竟然能做到在支付完"哥德堡号"这趟广州航程的全部成本外,还获利14%。可以想见,如果"哥德堡号"平安抵达了港口,那将是多么大的一笔利润!

"哥德堡号"的触礁是自然灾害还是人为事故,如今已无法考证,而"哥德堡号"沉船的船体,直到公元1984年才被发现并打捞。就这样,在经过了两百多年的沉寂岁月后,大量的中国瓷器、茶叶和丝绸重新浮出水面,并且还保持着当时良好的包装。那些被锡罐密封保存的中国茶叶,开

数百上千年后,海捞瓷凝结在船舱内部的状态

罐后竟然还有香气存在，甚至还能饮用，简直就是奇迹。这些茶叶的一部分，最后被瑞典政府送回了中国，保存在中国茶叶博物馆的库房里。而"哥德堡号"上的瓷器大部分被拍卖，受到了广泛的追捧。

综上所述，海捞瓷是特定历史时代的产物，是过去中国社会的一个剪影。其实，它在古代的输出性质有两种：一是民窑输出的商品瓷，属于来单定制，这是海捞瓷数量中最多的一类；二是礼品瓷，是朝贡贸易的产物，是过去的中国皇帝赏赐给其他国家君主的瓷器，多数是官窑产品。所以，除了以上这些著名的沉船外，还有许多的民间故事，随着其他被倾覆的船只一起，沉入了茫茫海洋。时至当代，人们对海捞瓷的热情再次被点燃，因为，它与财富、传说紧紧捆绑在了一起。

人们对古代瓷器的这种热情，使得古瓷的收藏成为一门需要相当经验和眼光的专业。对此，我们也将在本书的最后一节中，为读者详述收藏的门道。

收藏的门道

客观说来,一部中国瓷器的演变史,同时也是一部中国对外交流的发展史。而对于瓷器收藏这件事,很多人会有一个想法:应追求收藏那些在历史上留下了重大影响的、最稀少也最珍贵的器物,比如各个朝代的御窑产品。再不济,也得是官窑中最出彩的那些。但事实果真如此吗?

非也。我们从前在电视、报刊等媒体所了解到的著名瓷器,大多属于国家的重要文物,有的收藏在各大博物馆和博物

大英博物馆第95号展厅

院,还有的因为特殊的时代原因流散到海外,成为世界顶级收藏家的目标。对于一般瓷器爱好者而言,首先,我们几乎接触不到文物,也缺乏鉴定的眼光;其次,国内文物级的珍宝瓷器归属国家,个人不能交易;再次,目前在海外尚未回流的顶级瓷器,我们同样不可能承受其拍卖的天价。

到目前为止,被称为"近现代最杰出的中国瓷器收藏鉴赏家"的斐西瓦乐·大维德爵士,是一个英国人。他收藏了近1700多件中国瓷器,绝大多数为历代官窑中的精品和带重要款识的资料性标准器,其中包括数量仅次于中国台北故宫博物院的汝窑瓷器收藏和海外最好的珐琅彩瓷器收藏。他的名字,还被用来命名元至正青花瓶(元至正年间的青花云龙象耳瓶,至正是元朝的最后一个年号,元朝使用至正这个年号一共是30年),这是世界上唯一以姓氏命名的中国瓷器——大维德瓶,因其精湛的工艺和准确的铭文,成为鉴定元青花的标准器。

正如本书所述,大维德爵士能拥有这样级别的收藏,和当时中国

元至正十一年款景德镇窑青花云龙纹象耳大瓶,又称"大维德瓶",被视为元青花研究的标准器

的社会背景分不开：公元1924年11月，已经宣布退位的末代皇帝溥仪突然被冯玉祥赶出紫禁城（末代皇帝在公元1912年退位，但被当时以袁世凯为主导的政府允许继续留在紫禁城，享受皇帝的生活待遇）。当时住在宫里的清室成员，只用了三个小时就匆匆离开了紫禁城，因此场面极度混乱。连溥仪自己都没来得及收拾金银财宝，衣物也没有收拾出来，就被扫地出门了。但在此之前，因为溥仪有所预料，所以他已经通过各种方式，将大量的文物转移出宫。到了公元1927年，过惯了皇帝日子的溥仪因为缺钱，就托盐业银行出售他抵押在那里的清室珍品。当时正在北京的大维德，得到了这个消息马上赶来，从盐业银行手里，购买了其中40多件清宫旧藏的精品瓷器。

这40多件瓷器，大多是宋代名窑瓷器，其中以官窑、哥窑瓷器为主，有一部分还是乾隆皇帝曾亲自收藏过的，因此有他的御笔题诗，这就更难得了。这些瓷器分三次才运到了伦敦，一下就吸引了海外文玩圈的注意。

民国时的故宫博物院

大维德爵士也参与了公元1929年的故宫博物院（北京的故宫博物院建于1925年，是在溥仪出宫后建立的综合性博物馆）的建设。他捐款5000块大洋修缮当时景阳宫的瓷器陈列室及购置宋、元、明瓷器陈列馆的陈列柜，之后被故宫博物院聘为顾问，以专家身份参与了宋、元、明历朝瓷器展览的遴选和设计工作。

公元1964年，大维德爵士去世。去世前，他把自己收藏的中国瓷器和书籍捐给了伦敦大学亚非学院并建立了博物馆，取名为"大维德中国艺术基金会"，于1952年正式对公众开放。现如今，"大维德中国艺术基金会"的中国瓷器藏品，已由大英博物馆接手托管，大英博物馆更在2009年，将95号展厅辟为永久展出大维德爵士藏品的场所，展厅名字就是"中国陶瓷"。

大维德爵士的故事不可复制，因为如今的中国已经强盛，告别了过去的阴影。根据中国文物学会的统计，自1840年鸦片战争发生以来，有超过1000万件的中国文物流散到海外，

大维德爵士旧藏青花龙纹扁壶（明永乐，是中国生产运往近东国家的贸易商品）

包括欧美、日本和东南亚等地区。在众多流失文物中，尤以瓷器的占比为重，因为，西方人几百年来对中国瓷器有着非同一般的热情。中国的近邻日本，则对中国唐宋时期的高古瓷兴趣浓厚，因为，它们中有很多的茶道用品，其装饰和颜色也符合日本民族追求"侘寂"的审美特点。

其实对一般的爱好者而言，收藏瓷器的目的，除了投资，更多的还是个人的赏玩。从这个角度来说，一些画工朴素流畅、器形优美、釉色晶莹且具有浓郁的时代风格的民窑瓷器，更具有市场意义和可操作性。我们可以把它分为几个阶段：

第一，是大航海时代以前，完全由中国传统审美主导的时期。比如唐宋时期的磁州窑、耀州窑、定窑、长沙窑、景德镇窑、龙泉窑等，它们无论身处中国的南方还是北方，其烧造的数量本身比较大，由此带来的技术和艺术也比较成熟。而且，它们的图案和纹饰，反映了处于封建时期的中国社会的特点。

比如说婴戏图，它在瓷枕、瓷杯、瓷碗等器皿上大量出现了，反映了中国文化"多子多福"的传统观念，同时也说明了从唐代进入到宋代以后，政局稳定、城市体量增大、行业分工增加，因此要求人口同步增加，来承担社会责任和义务的社会背景。

再比如说执壶，尤其是各种白瓷、青瓷以及青白瓷执壶，它可以反映一个时代的风俗变化。一开始，执壶的功能是酒器，后来随着茶文化的蓬勃兴起，一部分执壶的颈部加高，嘴延长，孔加大，成为茶道中的注子，美观又实用。

还有一些特别有意思的文字，比如一直大量出口的长沙窑瓷器里，有一个典型的唐代瓷壶。它的身上有一句诗文，分四行竖体书写："君生我未生，我生君已老。君恨我生迟，我恨君生早。"长沙窑完全是以大众审美为主导的窑场，而它也是历史上第一个将釉下彩绘画装饰，以及诗文装饰广泛运用到瓷器装饰上的窑场，这就说明唐代诗风的影响，已经从文人墨客的笔间，进入了下里巴人的心里，说明那个年代的社会自信和文化包容度之强。

第二，是大航海时代中，中国与外国产生审美碰撞的时期。它主要集中在元明两个朝代，以中国风的输出为最主要的时代特征。在它们当中，最有代表性和最受欢迎的首先是青花瓷器，因为青料的优秀和画工的精湛，元代后期到明宣宗时期的青花瓷之美可说是空前绝后，青花瓷的盛名也使得中国瓷器的海外市场骤然被放大。而且，青花瓷上习惯刻画许多中国传统故事或传说，体现中国社会的伦理观念，所以从阿拉伯地区到欧洲国家，从新兴资产阶级到王公贵族，人们纷纷倾倒于东方器物的优美，购买并收藏自己所爱的器型。这一时期，景德镇以其极成熟的瓷业生产拔得了中国民窑的头筹。

景德镇窑红绿彩婴戏图碗

景德镇还有出色的青白瓷、影青瓷的生产。影青瓷又脱胎于青白瓷，是一种釉面明澈丽洁、胎质细密坚韧、色泽温润如玉，所以被称为"假玉器"的瓷器。它的名字来源于它胎质极薄且暗雕花纹，因此从里外都可从花纹映见青色，其生产和制作都非常考验技术。

明代的德化民窑产品也有代表性，包括青花瓷、青白瓷和

白釉执壶（南宋）

白瓷，其中白瓷最有影响力。德化白瓷的釉色特别润腻匀白，因为德化窑使用的胎釉氧化铁含量低，氧化钾含量高，烧造时采用中性气氛，克服了许多窑址的胎釉纯净度不够的缺点，最终使其釉色超乎一般的纯净而明亮。这个特点使它在不需要图案的人物雕像上表现优异。

第三，是西方工业革命前后，由外销瓷的审美决定市场方向的时期，时间是明末到清中后期。这一时期也是中国民窑瓷器的集中出口期，在欧洲如今的各种文物商品里所出售的中国瓷器，基本都是这一种。它们之间的质量相差比较大，因为当时的中国民窑已有针对上流社会的定制高端瓷（比如纹章瓷）和针对平民的普通日用瓷两类产品：前者工艺流程长、制作复杂、定价高；后者批量化制作，实现的是对社会人群的覆盖。

我们都知道，明朝各代瓷器和"清三代"（康熙、雍正、乾隆）的瓷器如今是拍卖市场的常客，但对一般爱好者来说，收藏这一时间段的官窑瓷器是不可能的，所以从自身的情况出发，不妨选择同时间段的民窑中的精品，它们可能在画工等方面不如官窑规整细致，但却有生气勃勃的一面，能很好地体现时代变化的过程。

在收藏领域，作为纯外销产品的广彩瓷，是一个经常被忽略的门类。因为它的特征是富丽辉煌，构图繁缛，完全不同于中国传统文化所追求的高雅。但它却非常贴合欧洲从文艺复兴后出现的洛可可风格，满地加彩的装饰方式也受欧洲的欢迎。所以它的登场地点经常是欧洲的古堡宫廷和下午茶会，器型也大都是国外的器型。因为是行业分段加工的产品，广彩瓷只做釉上彩绘加工，所用的白胎瓷器早期主要来自景德镇，所以它没有自己的窑址，同时市场价位也远低于景德镇彩瓷，适合作为一般

广彩瓷器精品

人初涉收藏时的入门品类。但要注意的是，清末之后的广彩质量已经下滑，不值得作为收藏对象了，所以要选也得选清末之前各个时间段的精品。

收藏的价值，还跟瓷器的品类有关系。因为民窑瓷器的种类基本上可以分为三大类：一是饮食器和生活日用器，如盘、碟、盅、碗、罐、壶以及凉枕、蜡台等；二是陈设玩赏器，如樽、花瓶、花盆、帽筒、鼻烟壶、佛像、瓷塑、雕瓷、蟋蟀罐、香炉等；三是文房用器，如笔架、笔筒、笔洗、水盂、印盒等。从这个分类上就可以看出，陈设器和文房用器针对的人群市场比第一类小得多，所以数量也少得多，价格也就比较高。而实用类的瓷器中，以茶道用器的市场表现为佳，普通人吃饭用的碗盘等餐具因为当年生产量实在巨大，所以一般不建议收藏。

长沙窑纹饰

从瓷器的外部装饰上看,有一个简单的判断原则就是:带字的比不带字的值钱,有诗文题赋的瓷器,又比只有普通题字的价格更高。瓷器的图案则分为四个档次:人物画第一,山水画第二,鸟兽花卉画第三,图案画第四,也就是越文雅越值钱,越精细的越值钱。

还要补充一点,就是前文所述及的海捞瓷。中国在欧洲市场并不存在大量的海捞瓷,因为以前的远洋航线,实现不了港到港的直接运输,它们的沉没地点,大多在中国到东亚其他国家或者东南亚的贸易中转港附近,所以,我们在欧洲的文物商店淘宝成功的概率不大,在中国的出口港附近倒是有这个可能,但还是要擦亮眼睛。

中国发展到现在，各类收藏的门槛事实上已经很高了，所以在本书的最后，笔者要再次强调，瓷器爱好者们应调整好心态，设定符合自己情况的目标，在收藏过程中兼顾瓷器的观赏性、实用性和把玩趣味性，这样，我们既得到了精神上的陶冶，也体会了生活中的趣味。